# あなたの名前で先祖がわかる

家系をたどり「自分の位置」を知れば、未来が開ける！

行政書士・姓氏研究家
萩本勝紀

BAB JAPAN

# は・じ・め・に

私は行政書士ですが、先祖調査というユニークな仕事を専門にしています。それともう一つ、保育園の運営にも関わっており、50代になってから保育士の試験を受けて資格も取りました。

行政書士として開業する前は会社員をしており、5年半ほど欧州に赴任したのですが、イギリスには「ゆりかごから墓場まで」という社会保障制度の充実を表わす言葉があります。今の私は、「赤ちゃんからご先祖様まで」という、まさにこれに近い範囲で仕事をしています。正確には、「前の魂から次の魂まで」と言ってもいいかもしれません。

「唐突に何を言っているの？」と思うかもしれません。でもこの本を読むと、その意味をわかってもらえると思います。

また、年に数回、役所から依頼を受けて「家系図作成」や「先祖調査の方法」というテーマで講師もしています。「家系図を作りたい」「先祖調査の方法を知りたい」という受講者でいつも満員となり、多くの方の関心が強いことを実感しています。

参加される方は、「先祖調査を始めようと思っている人」「家系にちょっと興味があって聞いてみようという人」「具体的に先祖のお墓や菩提寺の場所を知りたい人」「既に先祖調査を始めたけど行き詰まってしまった人」「自分のまわりによくないことが起こっていて先祖が怒っているんじゃないかと思って……」など、理由はそれぞれです。

講座の冒頭では、いつも次のような質問をしています。

**「あなたは次のようなことを感じたことはありませんか？」**

**◇ここは初めて来た場所だと思えない。**
**◇この人とは会った瞬間から気が合う。**
**◇この人とはどこかで会ったような気がする。**
**◇あの人にはいつも上からものを言ってしまう。**
**◇あの人にはどうも弱い。**
**◇あの人は（私は）なんで外国人のような顔立ちなのだろう。**
**◇天皇、皇室には、特別な気持ちが湧き上がる。**

そして講座が終わる頃には、これらの問いかけに「なるほど」と思ってもらえます。
序章では、6つのスピリチュアルなエピソードをご紹介しています。これは私が実際に経験したことです。私自身はスピリチュアルな世界に強く惹かれているわけではなく、霊的能力もなく、特定の宗教に関心もありません。しかし、先祖調査をやればやるほど、「ご先祖様」の存在を感じるのです。

この本は先祖調査のハウツー本です。先祖をたどるために必要なノウハウや知っておくとよい情報、私の実務経験に基づいた調査の方法をできるだけ具体的に、すべてをお話ししています。
専門家による先祖調査のハウツー本や名字・家紋の知識本は、これまで何冊も出ていますが、私は単なる「先祖のたどり方」や「家系図の作り方」「名字の雑学」だけではなく、もっと人の内面にある「魂や心」「遺伝」「先祖からのメッセージ」を意識して書き上げました。さらに、「自然と身体が動いて先祖をたどる不思議さ」「日本人とは何か」といったテーマも含みました。そのあたりは特に類書と異なる点だと思っています。

私たちには名前があります。名字は婚姻や養子縁組などによって変わりますが、下の名前は、通常一生同じです。しかし、昔はライフサイクルの中で、子ども↓青年↓壮年↓老人↓隠居↓没後と、家庭内や地域社会の中で、立場の変化に応じて名前の改名がなされていました。壮年期に使われる名前が、父親から家督相続により継承する「平左衛門」「吉兵衛」といったような通称（家の名）です。

名字を名乗れなかった江戸時代において庶民の通称は、自家を主張し、識別する「家名」でもあり、多くがその家の初代の名を継承していました。一つの村に「平左衛門」という家（人）があれば、それは一家（一人）だけでした。通称や屋号は、現在の名字と同じようなものだったのです。

明治時代に入ると、国民全員に名字を名乗ることが課せられました。しかし、庶民にとっては、通称や屋号があれば、わざわざ名字を届け出る意味がなかったのです。当初、名字の届け出が進まなかった理由はこんなところにもありました。

今はキラキラネーム、当て字、語呂合わせのような名前が流行っています。名前は時代を映し出していますから、将来は今のような名前も、時代を感じるものになっているでしょう。昭和の時代に多かった「裕子」や「陽子」、「久美子」のように「子」がつく名も復活するかもしれません。

しかし、昔も今も名前には命名した親の意思や想いが込められています。本書では、名字や姓氏の由来、家紋についてだけでなく、名前についてもお話ししています。どれも先祖調査に必要な情報だといえます。

本書を読み進める前に、一点お伝えしておきたいことがあります。「名字」と「苗字」は今では同じように使われていますが、それぞれ発祥の意味を持ち、さらに「姓」や「氏」は本来、別のものだということです。この点は、お読みいただければわかると思います。ただ本書では、説明をわかりやすくするため、できるだけ「名字」という表記で統一しました。表記の違いは、あまり気にせずに読んでいただければと思います。

先祖、名字、姓氏、源平藤橘《げんぺいとうきつ》、通称、通字《とおりじ》、文字、語源、遺伝子、心、魂、輪廻転生《りんねてんしょう》…。本書を読むと、単なるハウツーだけではなく、先祖、ヒト、魂、生まれ変わりなどへの深い想いを感じていただけると思います。

この本を手に取っていただいた時点で、「あなたには先祖からの働きかけがあった」と私は考えています。そしてこの本を読み終えたとき、あなたもそれを感じ、ご先祖様に想いを馳せていただければ幸いです。

平成30年5月

# あなたの名前で先祖がわかる

家系をたどり「自分の位置」を知れば、未来が開ける！

## 目次

序章

# その気持ちは
# ご先祖様に通じている

## 見えない力

「戸籍を超えた先祖調査」と聞いて、「どうやって調べるの？」「本当に可能なの？」と思いながら手に取ってくださった人や、なかには、「昔のことを調べるなんて、なんかうさん臭い」と思う人もいるかもしれません。

あるいは、「先祖調査を始めてみたけど、行き詰まってしまった」「自分ではどうにも進まない。これ以上、どう進めればよいのか…」と壁に当たって、半ばあきらめている人もいることでしょう。

専門でやっている私でも、壁に当たる、途方に暮れることはしょっちゅうです。

ただ、忍耐強く、推測を働かせながらあきらめずに続けていくと、次につながるきっかけに出くわします。そんなときは「やった！」と、一人、興奮と嬉しさを味わっています。自分自身、「なんて不思議な仕事だろう」と感じながら、日々、調査仕事に取り組んでいます。

戸籍を超えた先祖調査の中心は江戸時代ですが、ときに戦国時代、鎌倉時代から平安時代にまでたどれることがあります。また、さらにそれを超えて古代の〝部民《べのたみ》〟にまでたどり着いたこともあります。

戦国時代は、よくNHKの大河ドラマに取り上げられています。

私の調査でも、依頼者が大河ドラマに出てくる武将の家臣や下士の末裔だったことがあり、調査の中で、まさに本物の日本史の検証をしているように感じることがあります。直近では、平成29年の大河ドラマ『おんな城主 直虎』(主演・柴咲コウ)です。のちに徳川四天王の一人となる井伊直政とともに、徳川方で一緒に戦った武士を先祖に持つ人の調査をしました。まさに進行中のドラマと現実の歴史の、不思議な感覚の中で調べたことを思い出します。

もちろん古ければ古いほど、証拠物や情報は少なくなります。

調査が江戸時代を超えて戦国時代に至る場合は、文献からの情報、先祖の地で見た風景、肌で感じた雰囲気、郷土史家や地元の方、お寺の住職などから聞いた話、それに加えて日本史や歴史地理学など、様々な情報を考え合わせて考察を行うことになります。

数百年もの過去に向かう調査には、「根気」と「忍耐」がいるものです。

ただ実は、このようなことより、もっともっと重要なことがあるのです。

それは…

**「目に見えない支援」「見えない力」です。**

「何を言っているんだろう？」と思う人もいるでしょう。しかし、調査をやればやるほどそれを感じます。

「何の支援」「何の力」かって？　それは「ご先祖様の支援、ご先祖様の協力」、目に見えない「不思議な力」のことです。

こう聞くと、さらに「うさん臭い」と感じる人もいるでしょう。

でも、納得する人もいると思います。

実際、私が行っている調査でも、理由を説明できないことが起こっています。そこで、私が体験した不思議なことを６つ、お話しします。

# 不思議な体験――6つのエピソード

## ◉エピソード① 雨に阻まれない

江戸時代の墓ともなると、石が風化して肉眼では見えにくい文字があります。その場合は、拓墨をつかって画仙紙という紙に文字を写し取る作業をします（この作業を「拓本を取る」といいます）。

墓石にテープなどで紙を貼って行う作業ですから、雨の日や風の強い日はできません。

最古の本籍地での現地調査は、地元の人に多く会いますし、遠方の場合は航空券の予約もあります。そのため、遅くとも二週間前には訪問スケジュールを決めます。

拓本を取る場合はその期間内で日時を決めるのですが、「この日のこの時間で拓本を取る」と決めたら、必ずその日その時間に拓本が取れるのです。

「何のこと？」って思うかもしれません。それは「天気のこと」なんです。

天気予報はよくて一週間先くらいまでしか、はっきりとはわかりませんし、当日の天気予報ですら当たらないことがよくあります。特にお墓の多い山やその周辺の天気は変わりやすいものです。

２０１５年の政府統計によると、全国の年間平均降水日数は約１２４日です。単純に言うと３日に１日は雨が降っていることになります。上越、北陸など雨の多い地方の年間降水日数は約１７０日。ほぼ２日に１日は雨が降っているわけです。

夏はゲリラ豪雨や台風も多く、拓本を取る日、ましてその時間帯の天気など、数週間前には予測不可能です。よく３か月予報なども発表されますが、「平年に比べ晴れの日が多いでしょう」「降水量は平年並」「気温は全国的に平年より高くなる」「今年は真夏の暑さ、残暑とも厳しくなる」といった感じです。数週間先の、それも限定した場所、時間帯の天気など誰もわかりません。

しかし「拓本を取る」と決めたその日その時間帯は、必ず雨や強風がないのです。前日あるいは当日の朝、雨が降っていても、必ず止みます。作業が終わる頃にポツポツと降り始めたり、翌日は大雨だったことが何度もあります。

実は、これは拓本だけの話ではありません。

先祖調査のために現地に出向き、山道や村を歩くとき、墓を調べるとき、地元の人の家を訪問するとき、私の記憶では傘を差したことは、約160回の訪問調査のうち2日だけです。その2日も、「降ってもいいや」と考えたときです。

平成29年の8月に、新潟県長岡市で調査を行いました。

この夏は、各地で大雨・洪水の被害が頻発しており、長岡市でも週間天気予報は連日雨と曇マーク。しかし、私は行く前から「問題ないだろう」と思っていました。

結果は「問題なし」でした。

長岡市内を車で移動中、ラジオでは「市内に大雨洪水警報が出ている」との案内放送が流れています。しかし、そのとき私が運転している周辺は薄日さえ見える天気でした。その30分後に長岡市を出て長野県に入ったのですが、ラジオで「長岡市は豪雨となっている」と聞きました。

こういうことはしょっちゅうです。とても不思議なことです。私は、先祖調査をスムーズに行えるための「ご先祖様の支援」だと思っています。

訪問計画を立てる際、天気予報はチェックしますが、ほとんど気にしていません。なぜなら、予報では雨でも、私が「降らないで欲しい」と思った時間帯は、雨が降らないからです。

## ◉エピソード② 風が止む

愛媛県での先祖墓の調査ではこんなことがありました。

そのお墓は海に面する山の斜面にありました。1月半ばの寒い日で、海から冷たい風が吹きつけています。

依頼人の遠戚の方に案内してもらい二人で山を登ったのですが、その方はご高齢でもあり、寒い中、私の朝からの頼みごとに付き合ってもらい、申し訳なさでいっぱいでした。ところが、その墓に着いたとたん、パタッと大風が止んだのです。そのときは「良かった〜」とただ思い、墓石の文字を書き写したり、写真を撮ったり、1時間ほどの作業をしました。遠戚の方はその間、墓掃除をしていました。

「さぁ終わった」と一歩その墓の敷地を出たとたん、再びあの冷たい強風が吹き始めました。登ってくるときと同じ大風です。

そのときは偶然のことと思っていましたが、後で考えると不思議なことです。作業の時間だけ、風がまったく吹かなかったのです。まわりには風をさえぎる木もなく、まるでカプセルの中に入ったような感覚でした。案内してくれた遠戚の方も「不思議だ」と言っていました。

冷たい強風がずっと吹いていたら、作業も遅れ、その後の工程も変わっていたでしょう。それよりも、案内してくれた高齢の方に申し訳なく、早めに切り上げていたはずです。

これも、調査を助けてくれる「ご先祖様の支援」だと思っています

## ◉エピソード③　見えない導き

戸籍を超えた先祖調査は、幕末、江戸時代を遡り、ときに中世まで調べます。

その過程では、何度も大きな「壁」にぶち当たります。「壁」というのは「まったく情報が見つからない」という行き詰まった状態のことです。

そんなとき、確かな情報もないまま、江戸時代に先祖が住んでいた場所（戸籍でわかった最古の本籍地）に出向きます。

目標が見つからないとき、私は心を「無の状態」にしてその村を歩くようにしています。歩きながら、「右に曲がってみよう」「あそこまで歩いてみよう」「この店の人に聞いてみよう」など、感じたまま行動してみます。

たまたま家から出てきた人や、家に帰ってきた人には声をかけます。すると、そこに先祖につながる〝きっかけ〟があるのです。

結果的にその行動が、先祖を判明する大きなポイントだったことが何度もあります。

「この世に偶然な出来事はない、すべては必然である」ということを聞きます。

当初は「運がよかった」「勘がよかったかな」と思っていましたが、どうもそうではなさそうです。そんなうまいことが続くわけありません。

私は、これもご先祖様の「目に見えない支援」だと思っています。「見えない導き」ともいえます。

私の多くの調査実績は、このような出来事からも生まれているのです。

## ◉エピソード④　神社に吹く風

日本には現在、少なくとも約８万の神社があると言われています。

私は先祖調査という職業柄、日本各地で神社を訪ねています。そのほとんどは山の中にある、地元の人しかわからないような場所にある神社です。朽ち果てた神社跡の場合もあります。

神社に吹く風は、神様が歓迎しているサインかも。

そこには私一人しかいない、そんな状況がほとんどです。そんなとき、神社の参道に入ると急に風が吹き始めることがあります。先ほどのお墓の例のような大風というものではなく、小枝が揺れ、木の葉のすれる音がするくらいの風です。

「神社で風が吹く」と聞きますが、まさにこの風のことなのでしょう。先祖調査を支援してくれているかはわかりませんが、私は「神様が受け入れてくれている」と思うようにしています。

神社では、この地への訪問の挨拶と感謝を念じつつ、自分の心の中のスキマを開けて、神様のご支援を受け入れられるよう臨んでいます。

## ◉エピソード⑤　ご先祖様の守り

古い墓は山林の中にあることも多く、それなりに危険です。というのも、山にはイノシシやニホンザル、クマなどの動物や、ヘビやハチがいるからです。

山に入るときの基本は「複数人でいること」なのはわかっていますが、私は一人で調査をしています。自分が思うまま自由に動けるからです。

山に入る際は、太めの枝を拾って持ち歩いています。枝はクモの巣を払うのに役立ちますし、いざとなったら闘わないといけませんし…。

栃木県宇都宮駅から車で30分ほどの山の中にある、「平家の落人《おちゅうど》だった」という先祖墓に行ったときのことです。

15分ほど山を登り、お墓に着いたのですが、お墓の上に一匹のクマンバチが〝元気に〟飛んでいます（私はクマの次にクマンバチやスズメバチなどの大型のハチが危険だと思っています）。

「近寄ってこないか」と冷や冷やしながら、15個ほどある墓を一つずつ調べました。クマンバチはたまに休みながら、上空で私の作業をじっと観察するかのように飛んでいます。そのうち、「このハチ、ご先祖様が入って見ているのではないか」「調査作業を見守ってくれているのではないか」という気がしてきました。

作業は1時間ほどで終わりましたが、クマンバチは寄ってくることもありませんでした。私は、そのハチにもお礼を念じて下山しました。

伊豆のお墓では、大きな野良犬が1頭、気配もなく知らない間にお墓の裏側に来ていて驚いたことがあります。犬は、山林を背にして私の作業をずっと見つめていました。

最初はいませんでしたし、音もしなかったのでいつ来たのかわかりません。

吠えもしないし動くこともせずに、座って、じっとこちらを見ているだけです。お寺で

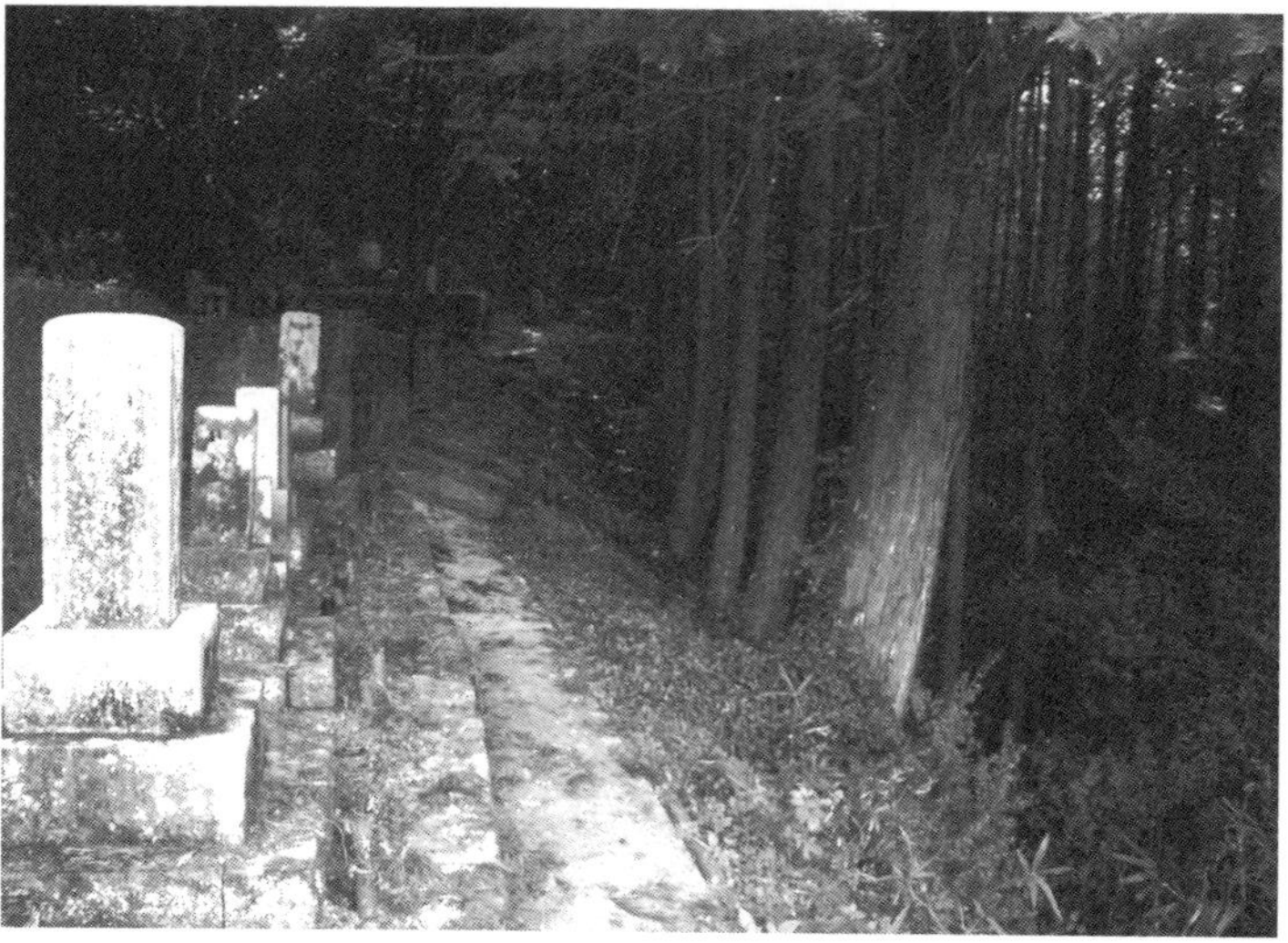

行く手が危険なルートでも、ご先祖様が守ってくれている。

飼っているようではありません。

作業を終え、墓山を下りる際、振り返ると目でずっと私を追っています。私の姿が見えなくなるまで、その墓のその場所でじっと私を見ていました。このときも「ご先祖様だな」と思いました。


愛知県では全長50センチほどのオオトカゲが私と並走したり、三重県ではニホンザルの軍団に囲まれたり、大分県ではイノシシに遭遇しました。

しかし、これまで一度も危険な目に遭ったことはありません。今にも谷側に崩れ落ちそうな危険な山道を歩いたときも大丈夫でした。

私はどんな危険な場所の調査でもまったく怖くありません。なぜなら、依頼人のご先祖様が守ってくれるからです。

## ◉エピソード⑥　ご先祖様の歓迎

秋田県の山深い場所の村に行ったときのことです。

うっそうとした林の中に、先祖をまつる小さな祠《ほこら》がありました。

そこで撮った写真にはオーヴがたくさん写っていました。「オーヴ」とは、円形の人魂、霊体といわれています。一日の調査を終え「さあホテルに戻ろう」という夕方、うす暗くなり始めたときに撮った写真で、あとで写真を見て知りました。

でも私は怖いと感じたわけではありません。その人のご先祖様は、天明の大飢饉のときに、炊き出しをして村人を助けた名主でした。ご先祖様を含め村の人々が集まり、私を歓迎してくれている、と感じたからです。

村を出る最後の日でしたので、見送りに集まってくれたのかもしれません。いつも通り、先祖は判明、調査は無事に終えることができました。

以上の6つのエピソードの他にも、不思議なことがいくつも起こっています。

私は役所からの依頼で、「家系図作成」や「先祖調査の方法」についての講師をしていますが、受講者から、「お墓に行って、霊に祟られたりしませんか？」という質問を受けます。

私は、「それは全くありません。逆にご先祖様は喜んでくれて、私の調査に協力してくれるのです」と答えています。

どんな場所に行っても、何かに憑《つ》かれて帰ったこともありません。出張先のホテルでもぐっすりです。これも「ご先祖様が守ってくれているから」と私は思っています。

## ご先祖様からの働きかけ

不思議な体験を6つ挙げましたが、私自身、スピリチュアルな能力や霊感はまったくなく、特定の宗教にも関心がありません。無理にそのような話にもっていくつもりもありません。

先祖調査には偶然のような、実は必然の〝きっかけ〟があるのです。ご先祖様の協力なしに、はるか前のことを調べるのは難しいということです。

私はいつも思っていることがあります。それは、ある人が「先祖を調査してみよう」と考えた時点で、その気持ちはご先祖様に通じているのではないか、ということです。あるいは逆に、ご先祖様から「自分のことを想ってほしい、気にとめてほしい」という願いが発信され、それを心の深くで受けとめた人が、「調べたい」という行動に出るのではないかとも思っています。

先祖への真摯な想いは、ご先祖様に伝わっています。だから、私が行う調査にも力を貸してくれるのだろう、と思います。私はご先祖様の助けをもらいながら、何百年も昔への時間の旅（タイムトラベル）に出かけています。

この本に興味を持ち、読んでいるあなたも、実はご先祖様からの働きかけがあったのではないか、と私は考えています。あなたの調査にも、きっと手を貸してくれると思います。

# 第1章

# あなたと先祖

# 先祖がいたからあなたがいる

## ◉先祖の数

あなたには何人のご先祖様がいるのでしょう。

両親は2人、祖父母は4人、曽祖父母は8人、高祖父母は16人、5代前で32人。個人差はありますが、多くの場合、戸籍だけでも5代くらい前までの先祖がわかります。5代前までの先祖の数を単純に足すと62人です。

平均30歳で子ができたとして、32代前まで遡ると約1000年。単純計算だと、先祖は数十億人いる、というとてつもない数字です（ただし、実際には親戚同士の結婚など、古い時代には先祖の重複があることも多かったので、先祖の数はもっと少なくなります）。

先祖の中の一人でも違う人だったら、あなたとは違う人が今存在することになりますし、先祖の一人でも欠けていたら、あなたは今ここに存在しないのです。あなたがいるのは、奇跡的に生き残ってきた先祖がいるからこそです。

## 先祖の数

約 1000 年前、32 代まで遡るとその先祖の数は数十億とも！

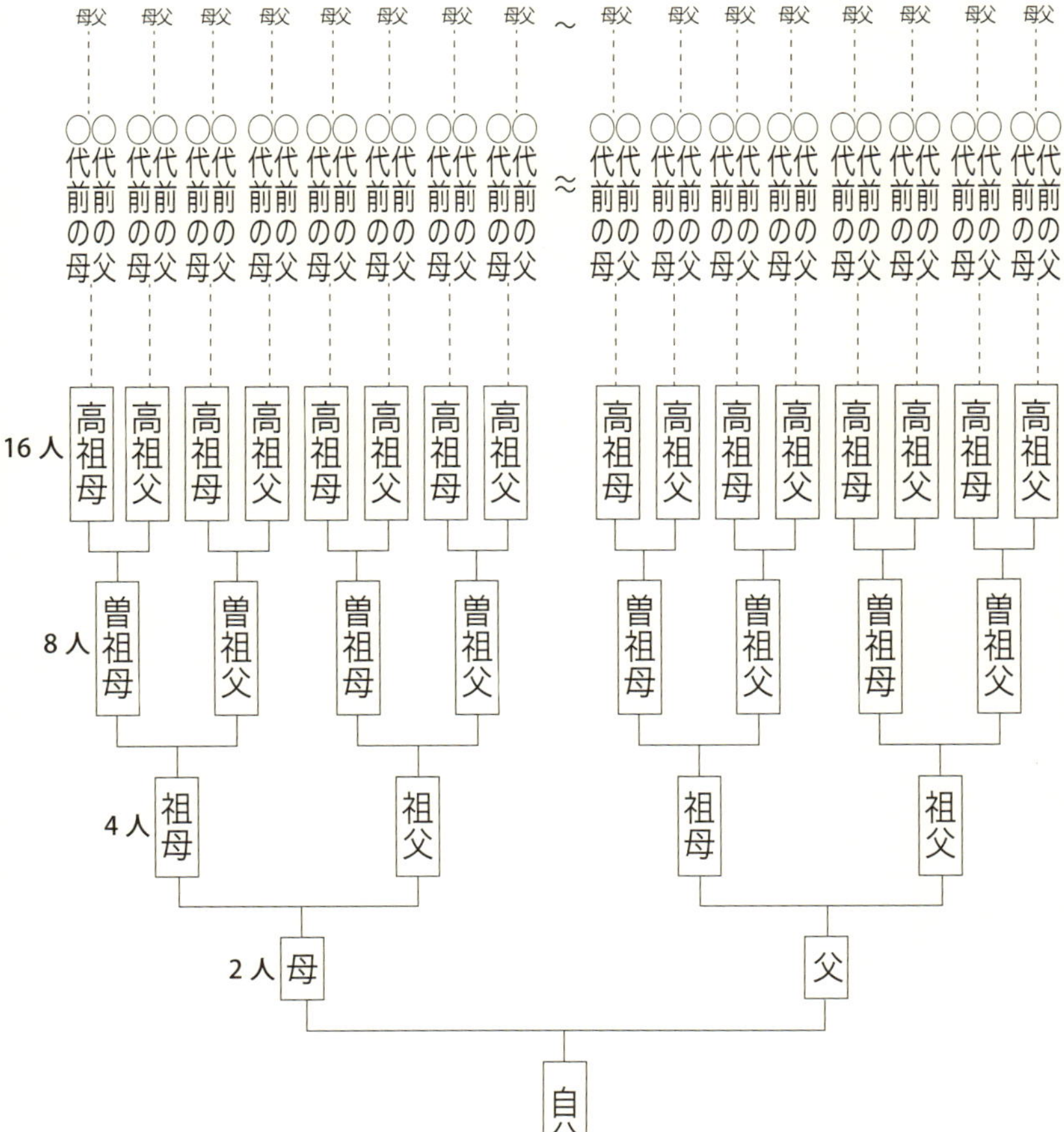

## ◉苦難の道でつないできた命

先祖が歩んできた苦難の道について、三つの観点から見ていきたいと思います。

### ◆日本の人口推移

最初に日本の人口推移をお話ししましょう。

平成30（２０１８）年４月20日の総務省統計局公表によると、平成29年11月１日現在の日本人の総人口（確定値）は１億２６７１万人です。

過去に遡ると、昭和初期で現在の約半分６０００万人、明治初期ではさらにその半分の約３３００万人です。古代まで遡ると、弥生時代は約60万人、縄文時代は約２万から30万人と言われています（注：諸説あります）。

ここで人口を挙げた理由は、「あなたの先祖はこの人数の中に存在している」ことを意識してもらうためです。

弥生時代には渡来人といって、大陸から多くの人が入ってきました（俗に弥生人ともいいます）。渡来した人たちが持ち込んだ稲作技術は、日本に大きな変化を及ぼし、食生活が安定し、その後人口は劇的に増えます。

## 人口推移　―時代とともに―

※近世までの推定人口には諸説あり

紀元前8000年頃
縄文早期　2万～30万人

▼

紀元前300年～紀元後300年頃
弥生　59万人

▼

300年頃～
古墳

▼

6世紀末
飛鳥

▼

710年
奈良　450万人

▼

794年
平安　640万人

▼

1185年
鎌倉　750万人

▼

1336年
室町　南北朝　戦国

◀

1573年
安土桃山

▲

1603年
江戸　1227万人

▲

1868年
明治　3330万人

▲

1912年
大正　5600万人

▲

1926年
昭和　6000万人

▲

1989年
平成　1億2320万人

▲

2017年11月確定値
1億2671万人

それぞれの時代において、あなたにつながる先祖は生きてきた。

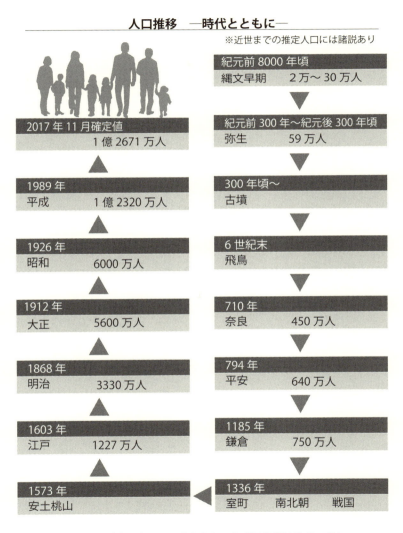

あなたの先祖は、原始時代～縄文時代には日本にいなかったかもしれませんが、弥生時代の60万人の中にはいて、日本のどこかで暮らしていたはずです。

### ◆日本人の平均寿命

次に、日本人の平均寿命を見てみましょう。

厚生労働省が平成29（２０１７）年7月27日に発表した「簡易生命表」によると、平成28（２０１６）年の男性の平均寿命は80・98歳、女性は87・14歳です。これからも、少しずつ寿命は延びていくでしょう。

遡ってみると、終戦直後の昭和22（１９４７）年では男性は50・06歳、女性は53・96歳でした。大正時代では男性が42・06歳、女性は43・20歳、明治初期だと平均で30歳くらいです。

江戸時代は２６５年という長い期間のため、寿命も20歳から～幕末の30歳と幅広くなっています。

古代や中世では、約14歳まで平均寿命は下がります。14歳という寿命ですが、すべての男女がみんな14歳で亡くなっていったら、そもそも子孫はつながっていきません。平均寿命

## 平均寿命　―つないできた命―

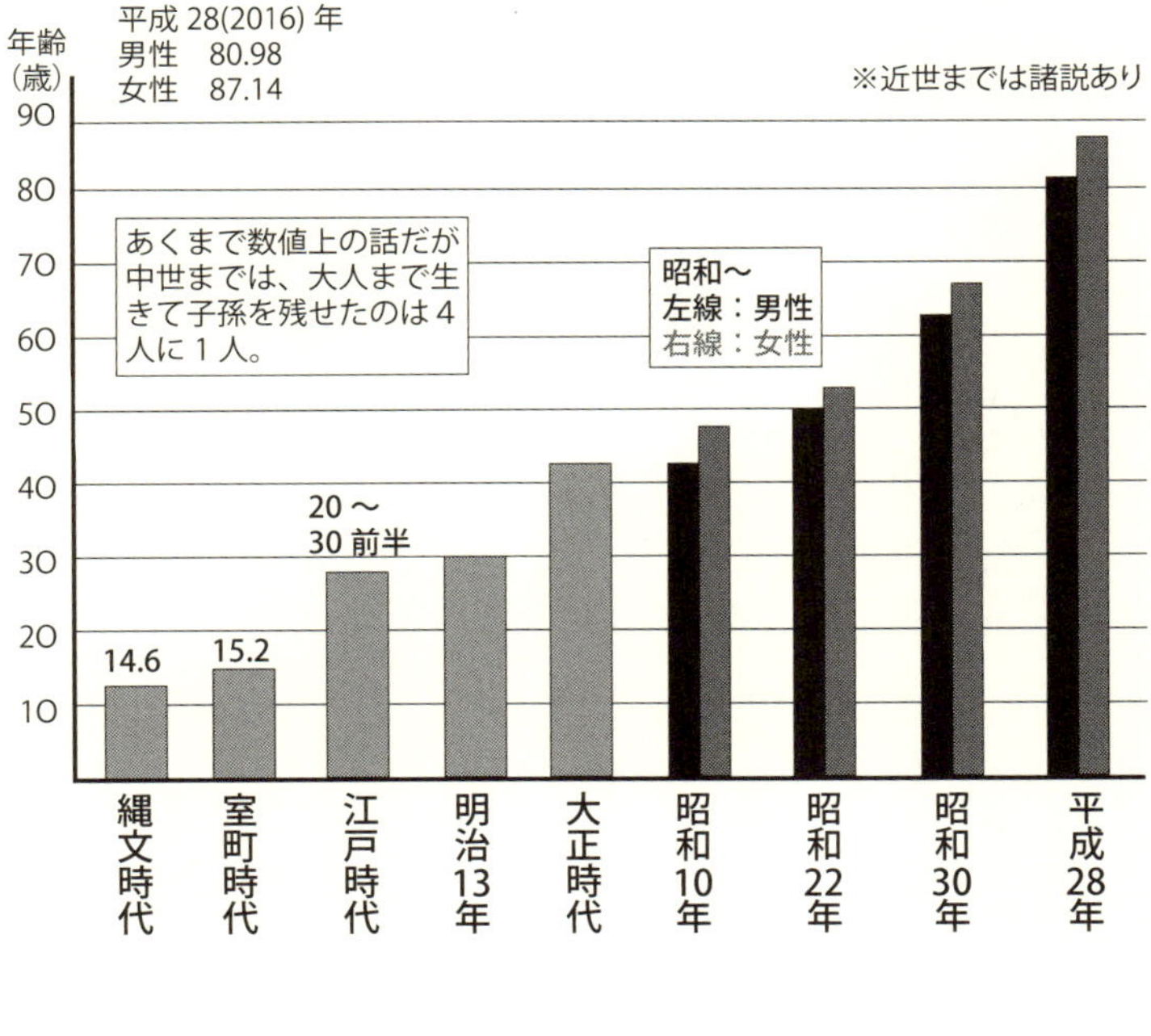

14歳というのは、両親から生まれた子が4人いたら、その内の1人が成人し、結婚して子をもうけた、と計算できます。その他の子3人は、ほとんどが幼少期か結婚前に亡くなっている、ということになります。

子をもうけたその両親も、それぞれの家族の子どもの中で唯一生き残った一人であるわけです。つまり、あなたの先祖は肉体的にも精神的にも運命的にも「強い」人たちの集まりなのです。生き残ってくれたからこそ、あなたがいるのです。

## ◆苦難の道とは

三番目は、苦難の道そのものです。

あなたの先祖が生きてきた道のりは、苦難の連続であったはずです。

次頁図は、関ヶ原の戦い（1600年）以降に起こった出来事のうち、いくつかを書き出したものです。数多くの人が亡くなっているのがわかります。

これ以外にも、宝永4（1707）年の富士山大噴火によって、推定で数十万人以上の人が亡くなったといわれています。また、噴火の始まる49日前には宝永地震といわれる大地震がありました。これは南海トラフで起こったマグニチュード8・6～9・0クラスの地震で、死者2万人以上。平成23年3月11日に起こった東日本大震災がマグニチュード9・

## 苦難を乗り越えてきた先祖

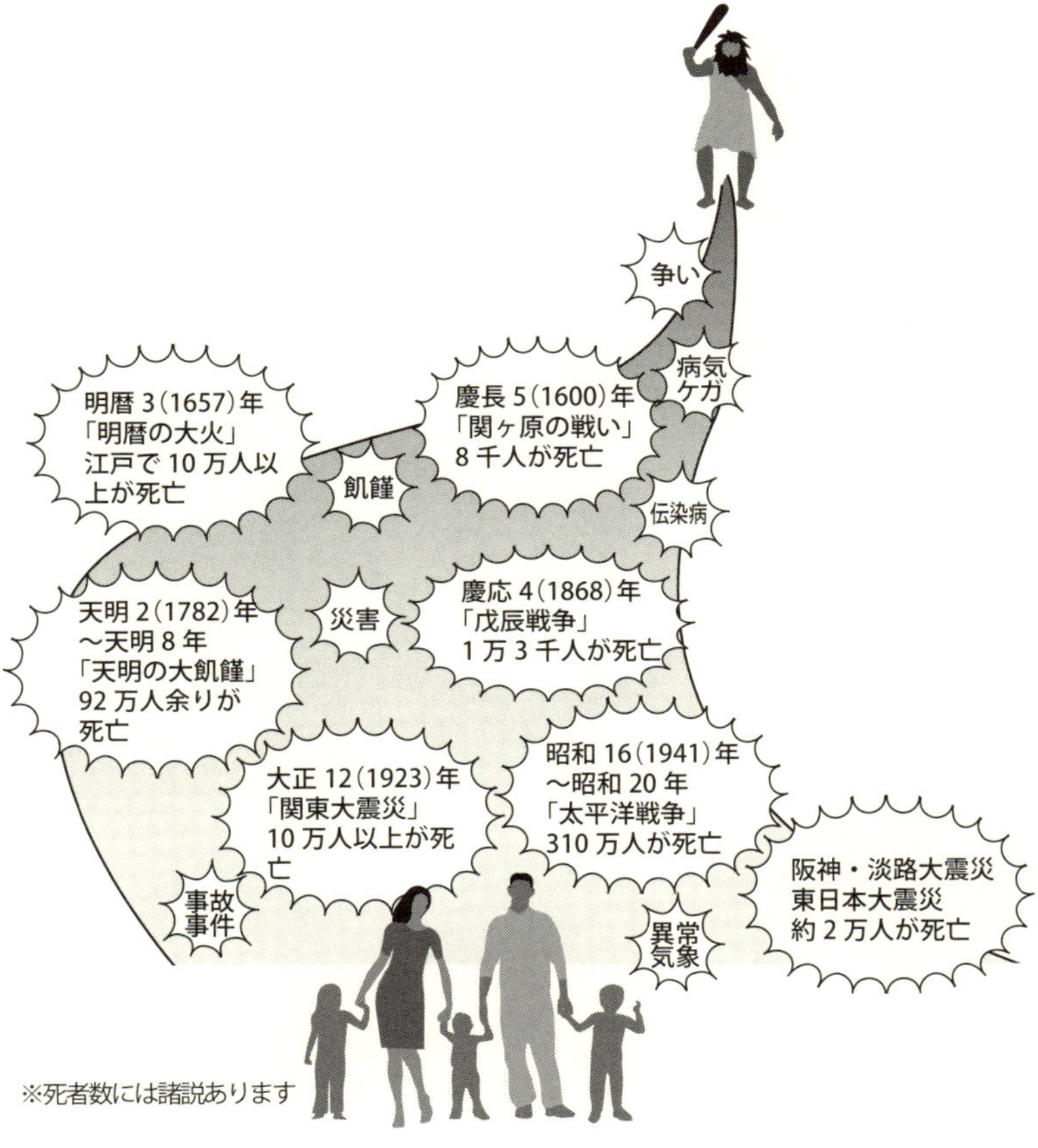


※死者数には諸説あります

0ですので、あのような大津波が押し寄せ、多くの方が亡くなりました。

戦争、天災、飢饉、病気、怪我、火事、事故、事件…、先祖が遭遇した苦難は様々ありました。

特に、先祖調査をしていると、よく火災の話を聞きます。木造や藁葺《わらぶ》きの家で、さえぎる建物もなく、消火も人力に頼っていた昔、ひとたび火事が起こると、その延焼の速さと拡がりは今の何倍もあったことでしょう。

石川県金沢市のある村での調査事例ですが、明治時代の大火で村の7割が焼失し、多くの人が亡くなりました。幸いにもその人の先祖は生き残りましたが、家も仕事もすべてを失い途方に暮れたなか、意を決して北海道開拓民募集に手を挙げ、一家全員で北海道に渡ります。

開拓民として一生懸命働き、生活も安定した大正時代、故郷の神社に寄付を行います。その名前が刻まれた小さな石碑を、故郷の神社境内に見つけたときは感慨深いものがありました。遠く北海道に行っても、故郷の先祖の地を想う気持ちは変わらなかったのです。

明治時代に故郷を離れ、北海道に渡った人の理由や経緯は様々ですが、これも先祖が受けた苦難の一つだったのかもしれません。

日本人の「人口」「平均寿命」「苦難」という三つの観点からお話ししました。

あなたの先祖も必ず苦難があったはずで、そういう中を生き抜いてこれたことは奇跡に近いことです。先祖が一人でも変わっていれば、今ここには違うあなたがいるのです。

## 先祖とあなたの職業に見る共通性

私に先祖調査を依頼する人の職業は様々です。会社社長、町工場の経営者、医師、税理士、個人事業主、講師、墓を護る本家の末裔……。会社社長も雇われ社長ではなく、ほとんどがオーナー社長です。経営者になると、「自分が今いることへの先祖に対する感謝の念がより強くなり、先祖のことが知りたくなる」と聞きます。

戸籍を超えた先祖調査では、先祖の家業や職業を調べますが、調査を終えて報告書をまとめるときに、よく思うことがあります。それは、依頼人の今の職業と、先祖がやっていた仕事の間には「共通するものがある」ということです。

「代々医者をしている」、これはよく聞く話です。

「江戸時代は、庄屋（名主）だった」

「何人もの人を使う棟梁だった」

このような依頼人の多くは、ご自身で会社や工場を興しています。社長をしていなくても、リーダー気質を持って様々な活動をしています。


祐筆（武家に仕え文書を書く人）や、寺子屋、私塾などで先祖が書いたり教えたりしていた人は、今、執筆やセミナー講師として、人に教える、伝える仕事をしています。

また、ある飲食チェーン店のオーナーの先祖は、古代、土器を〝作る〟仕事をしていました。飲食店でも〝作る〟という仕事に変わりはありません。


日本は弥生時代より稲作の国ですから、農業が生活の中心です。

「うちは農家。先祖は百姓。調べても何もないよ」という声があります。

〝百姓〟は〝百の姓〟と書きます。〝百姓〟は中国で生まれた言葉で、「凡百《ぼんびゃく》の姓を持つ一般庶民」という意味を表しています。古代では、様々な姓を持つ庶民は「百姓」と称されており、「百姓が農民」というイメージが根付いたのは近世になってからのことです。

先の「うちは農家」は、それが普通です。なぜなら日本人の８割は農民でしたから。しかし、家にはそれぞれの歴史、人にはそれぞれの一生があり、同じ家、同じ人はありません。農家もいろいろです。

村のほとんどの土地を持つ大地主であったり、飢饉のときは村の人々に炊き出しをして人々を救った家であったり、戦国時代は武士で、江戸時代になって帰農した家であったり、平家の落人として山間でひっそり暮らす家であったり。

日本史といっても、一人ひとりが生きてきた歴史の集合です。すべての家、すべての人に歴史があります。「調べても、うちは何もないよ」ということはないのです。

## 「糸」とDNAの不思議

古くから「運命の赤い糸」という言葉があります。これは中国発祥による人と人を結ぶ伝説の存在のことです。

私の趣味はギター演奏ですが、ギターを始めた中学生の頃、ＮＳＰというフォークグループが『赤い糸の伝説』という曲を歌っていました。１９９８年には、中島みゆきさんが『糸』という名曲を作りました。

人と人をつなぐ赤い糸は、小説でも漫画でも多く取り上げられています。

私はずっと「糸」というものを不思議に思っています。「糸」は下図のような形をかたどったものです。

つまり〝撚《よ》り糸〟の象形から、「糸」という文字ができました。

古文書に書かれた「糸」は左図の通りで、象形文字の原型に近く、繊維をこよった形に似ています。

「糸」という漢字は、このような図から生まれた。

「家系図」「系譜」の「系」という文字も「糸」という文字から作られています。「系」は飾り糸を垂れている形からできた文字で、次のような形をかたどったものです。それはまさに、私たちが目にするツリー上の家系図そのものです。

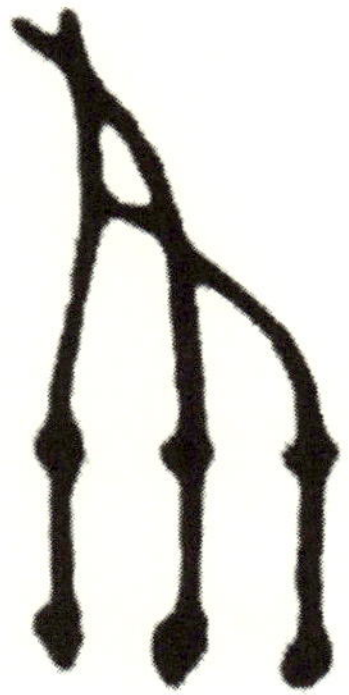

「家系」や「系譜」以外にも、「血統」「繋ぐ」「継ぐ」「相続」「子孫」といった言葉には「糸」という文字が入っています。

〝撚り糸〟が長くつながっているさまは、まさに先祖が代々つながっていることと同じです。

では、下の絵はなんでしょう。

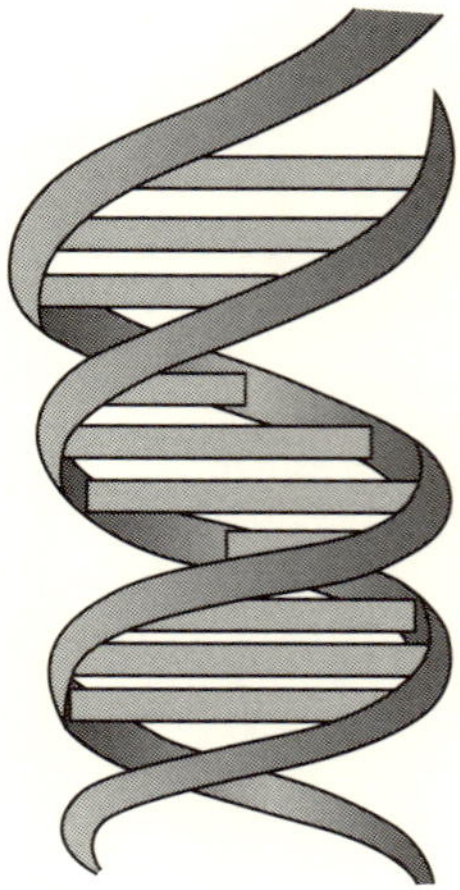

ご存じの方も多いでしょうが、これは私たちの身体の中にある「DNA」です。日本名で「デオキシリボ核酸」といいます。

この〝螺旋状〟のDNAの中に遺伝子があります。

DNAがこのような螺旋状をしていることが発見されたのは1953年です。アメリカの分子生物学者ジェームズ・ワトソンとイギリスの科学者フランシス・クリックの共同研究によるもので、二人は、この発見で1962年にノーベル生理学・医学賞を受賞しています。

ＤＮＡの螺旋状は、〝撚り糸〟そのものだと思いませんか？　生きものの身体の中にあって、親から子に受け継がれていく遺伝子。それが螺旋状をしているＤＮＡの中にあるのです。長くつながる〝撚り糸〟を表わした「糸」という文字。「糸」から作られた「家系」「系譜」「血統」「繋ぐ」「継ぐ」「相続」「子孫」といった言葉…。

漢字が生まれたのは、紀元前２５００年頃といわれています。身体の中にあるＤＮＡが螺旋状であることが発見されたのは１９５３年。この４５００年の時空につながる「撚り糸」と「螺旋状のＤＮＡ」の共通点に、サムシンググレートといえる、言葉では説明できない不思議を感じませんか。

## 先祖代々の遺伝子

地球上のすべての生物は、細胞を基本単位として成り立っています。私たち人間の身体は、約60兆個（最近では約37兆個との研究報告もあります）の細胞でできています。

私たち生命の出発点は、精子と卵子の受精です。60兆個もの細胞は、すべて、たった一つの受精卵から始まります。

一つの細胞の中には核があり、その核のなかに染色体というものがあります。ヒトの染色体の数は46本あって、その半分、23本の染色体を母親から、残りの23本の染色体を父親からもらって産まれてきます。

染色体という入れ物の中に、先祖からの遺伝情報を記録しているDNAがあります。あなたは、父母、祖父母、その上の代から先祖代々の遺伝子を受け継いでいます。

父親と母親からは、半分ずつの遺伝子を受け継いでいます。その上の祖父祖母は4人いますから、それぞれから4分の1の遺伝子を受け継いでいることになります。

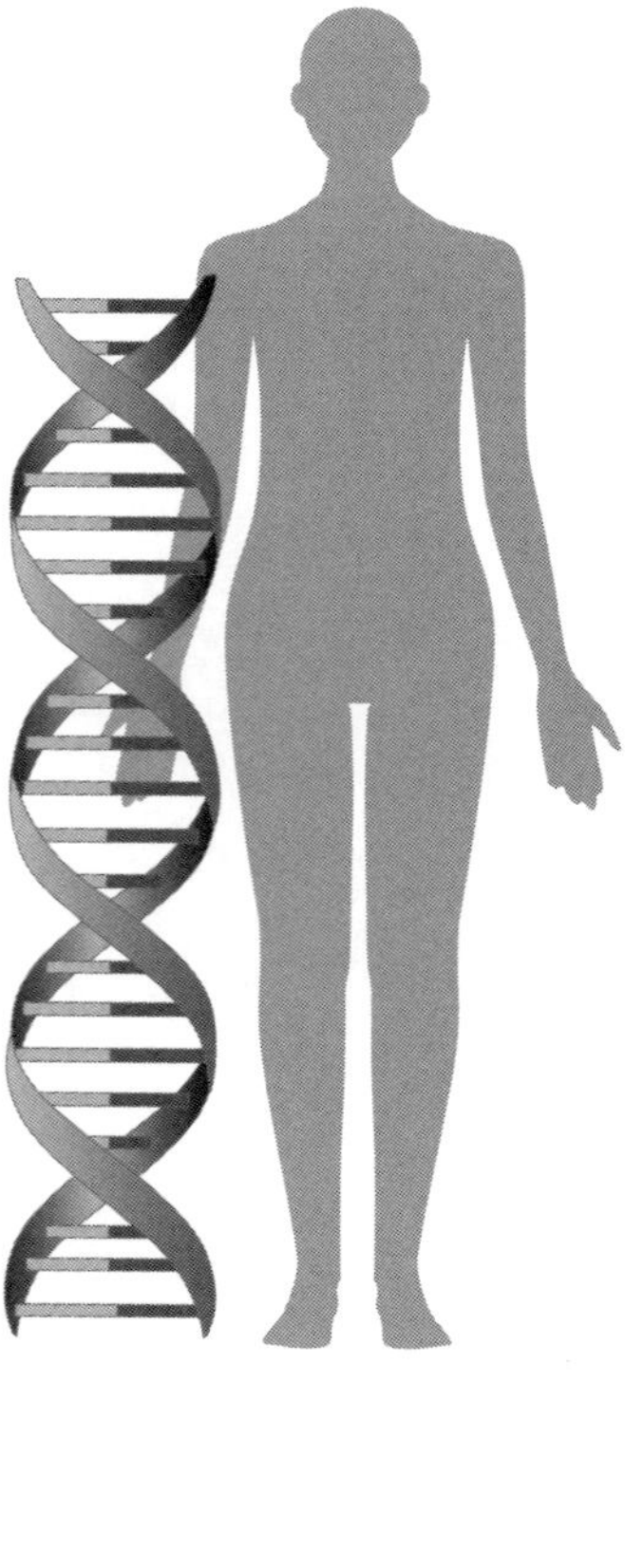

もちろん、遡るほど遺伝子は薄まりますが、この遺伝子を通して、先祖から様々な特徴を受け継いでいるわけです。

外見的なことでいえば、髪の色や太さ、くせ毛、薄毛、肌の色や肌質、額や耳たぶの形、目の色、まぶたの一重二重、えくぼ、顔立ち、身長、体格などです。

性質的なことでいえば、お酒の強さ、持久型か瞬発型か、運動能力、音楽センス、性格、知力、体質などで、これらの特徴は、遺伝子が関係しています。

遺伝子の中には、その本人の性質、性格とともに、特徴も刻まれます。もちろん、性格やその人の雰囲気は、生活環境が良くも悪くも大きな影響を及ぼしています。しかし、本質的には遺伝がベースとなっているのです。

よくある例では、「何の運動もしてないのに、いつもリレーの選手に選ばれる」「子どものときから歌が上手だ」「6歳で大人顔負けにピアノを弾く」「サッカーの上達がまわりの子より抜きんでている」などです。前世の魂が関係している場合もありますが、ここでは置いておきます。

また、新しいもの好き、攻撃性、共感力、親の受けたストレス、これらも子供に遺伝するという研究報告があります。

このように能力や特技は遺伝しますが、私は職業にも影響があると考えています。

「先祖の職業と今のあなたの仕事には、共通点がある」。これは何人もの先祖調査を行った結果から、私の中で確信したことです。

## 輪廻転生から考える

### ◉「魂」について

私が日頃から感じている概念的なお話ですが、人が生まれたときに受け継いだものを仮に100だとすると、先祖からの受け継ぐ遺伝子は70だと考えています。それでは、残りの30は何か？

それは「魂」だと、私は考えています。唐突な話だと思うでしょうか。人は死ぬと、「肉体」と「心」は無くなります。しかし、「魂」は無くならないといわれています。

東京大学理学部を卒業して、現在、モンロー研究所公認レジデンシャル・ファシリテーターをしている坂本政道氏によれば、人によって異なりますが、私たちは数十回から数百回生きているとのことです。その中には、人間としてだけでなく、岩石などの鉱物、植物、動物として存在した場合もあるようです。まさに「この地上に存在する森羅万象に生命が宿っているという信仰」につながる話だといえます。

私たちは長い時間をかけて、輪廻転生を繰り返しています。寿命が尽きて肉体が滅んでも、「魂」はあの世にいったん帰り、その後、時間をおいてこの世に転生します。東京大学付属病院の矢作直樹氏は、「人の死はあくまで肉体死であって、魂はどこまでも続く」と話しています。「遺骸は魂の抜け殻にすぎない」ともいわれます。

インドのヒンドゥー教徒では、親族の遺体を河川のほとりで焼いて、その骨灰を目の前の川に流してしまいます。骨は魂の抜け殻に過ぎないと考えられているからです。死者の遺灰はガンジス川によって浄化され、魂が抜け出て天に向かい、新しい輪廻の旅をはじめると考えられています。

親、先祖から受け継がれる遺伝子では「心」は引き継がれませんが、性格や性質などの特徴は受け継がれます。親や祖父母が死んでも、その性質は「子」や「孫」となってカタチを変えて生き続けているわけです。

## ◉死んだらどうなる？

立命館大学名誉教授の安斎育郎氏が、「死と生まれ変わり」について興味深い話をしているので、以下にご紹介します。

**「私たちの身体は、酸素、炭素、水素などの元素から成り立っています。人が死んで火葬されるとき、身体の炭素原子は酸素と結合して、二酸化炭素となって大気中に放出されます。**

**例えば、体重70キログラムくらいの人が亡くなって火葬された場合、その人の身体から二酸化炭素が発生して火葬場の煙突から放出されます。**

**地球の上空には気流がありますが、発生した二酸化炭素が上空10キロメートルの大気圏で均一に拡散したとします。すると、地球上のどこであっても、1リットルの容積の風船に空気を吹き込んだとき、その人の身体から出た12万個もの炭素が、その風船の中に取り込まれます」**

とのことです。確かに火葬場の煙突からは、モクモクと煙が出ています。『地球温暖化対策の推進に関する法律施行令』によると、ヒト一人一回分の火葬による温室効果ガス（大半は二酸化炭素）は、灯油の場合で約１７４キログラムも排出される計算となります。

地球上の二酸化炭素は、光合成によって植物が摂取して、野菜になったり穀物になったりします。雑草を食べた牛や豚は成長し、ヒトはそれを食べて大きくなります。

元素レベルで考えると、私たちの身体を構成する諸元素は不滅で、死んでも生きとし生けるものに生まれ変わっているわけです。つまり、私たちの命は「個体の死」として終わっても、その身体の元素は地球上で生き続けています。これを「科学的な意味における輪廻転生である」と、安斎育郎氏は言います。

先の矢作直樹氏も「人の死はあくまで肉体死であり、魂はどこまでも続いていく。だから本質的には人は死なない」と話しています。

よく「死んだら土に還る」といわれますが、これは主に土葬から発せられた言葉です。

今は火葬が主体の時代です。そういう意味では「死んだら空気に還る」「地球に還る」と言ってもいいかもしれません。いや、結局は「死んでもまた人に還る」という言葉が一番適切かもしれません。

人の身体、命は、何も無いところから生まれます。精子と卵子の受精が出発点。いつのタイミングかにその身体に魂が宿り、心が生まれ育まれます。そして、その人が死ぬと、「肉体」と「心」は無くなりますが、目に見えない魂と元素が残り、生き続けるのです。

分子生物学者で、筑波大学名誉教授の村上和雄氏は、「人間の身体は、地球からの借りものである」といいます。

お話ししたとおり、私たちの身体は、酸素、炭素、水素などの地球上の元素から成り立っています。地球上の元素を無機物の形で植物が摂取し、それを蓄えた植物を草食動物が食べます。そして、私たち人間は、その動物や植物を食べて生命を維持しているわけです。私たちの身体をつくっている元素は、元をたどれば、すべて地球に由来するというわけです。地球から元素を借りて、地球に元素を返す、という循環です。

このような生まれ変わりの話をしたのは理由があります。先祖調査をすればするほど、先祖からの遺伝による受け継ぎと、人や魂の輪廻転生には、何らかの関係があるのではないかと感じているためです。皆さまはどのように感じますか。

# 第2章

# 先祖調査という時間旅行の前に

## 4つの「サイトウ」さんの違いは？

戸籍を超えた先祖調査は、江戸時代の調査が主になります。江戸時代は、村の古文書《こもんじょ》や寺院の過去帳やお墓、宗門人別帳《しゅうもんにんべつちょう》（今でいう戸籍のようなもの）、寄付帳、武士であれば分限帳《ぶげんちょう》（武士名簿録のようなもの）などが残っていることが多いからです（古文書については後で説明します）。

さらに戦国時代を超え、中世・古代をたどっていく中では、名字の由来も考察すべきポイントになります。

ここでは、あなたのまわりに一人はいる「サイトウ」さんを取り上げてみましょう。佐藤さん、伊藤さん、加藤さんなど、あなたのまわりにも、名字に「藤」がつく人はたくさんいると思います。「サイトウ」さんもその一人。

「サイトウ」さんの代表的な漢字は4つあります。「齋藤」「齊藤」「斎藤」「斉藤」です。「サイトウ」という名字を見るだけでも、様々なことがわかります。

## ◉「藤」のつく名字

まず、〝サイトウ〟のように「藤」がつく名字を簡単に説明します。

「○藤」姓のほとんどは、藤原氏の流れを汲みます（〝藤原〟姓の発祥は第3章で説明します）。

平安時代、朝廷では藤原氏の一族がほとんどの役職を独占しており、右を向いても左を向いても〝藤原〟氏や〝藤原〟殿でした。平安時代は〝藤原時代〟とも称されるほどで、まわりは「藤原」さんという名字だらけです。

そこで「藤原」姓の人は、自家を識別するため、職業や領地の地名と組み合わせて新しい名字を作り始めました。作り方には主に3つのパターンがあります。

### ◆パターン① 官職名と藤原をつなげる

官職名からついた名字でもっとも有名なのは、「左衛門尉《さえもんのじょう》」となった藤原氏や、下級官僚の「佐《すけ》」を世襲した藤原氏が名乗った、「佐藤」という名字です。

まず「左衛門尉」について説明しましょう。平安時代に衛門府《えもんふ》という宮城諸門の警衛などをつかさどる役所があり、そこに左衛門府と右衛門府という二つの衛門府がありました。〝尉《じょう》〟は宮門を警備する判官のことで、位で言うと三等官にあたります。

〝佐〟の方は、今でいうと次官級にあたる役人のことです。

つまり、警備する役所の管理職になった藤原氏が名乗ったのが「佐藤」の発祥です。

ちなみに、この「左衛門」「右衛門」という名称は、その後、同じく宮城の護衛や天皇の行幸の護衛を行った「兵衛府《ひょうえふ》」から派生した「兵衛《べい》」とともに、庶民の名前として大流行します。あなたの先祖の名にも、「〇兵衛」や「〇左衛門」「〇右衛門」などといった名前の人がいるのではないでしょうか。

では「佐藤」という名字の他で、官職名からつけた藤原さんの例を挙げてみましょう。

**◇宮殿の造営を担当する木工寮《もくりょう》（いまでいう国土交通省）に勤めた官僚の藤原氏が称した「工藤」**

**◇宮殿の修繕を担当する役人「修理職《しゅりしき》」の判官の一つである「修理少進《しゅりしょうしん》」に就いた藤原氏が称した「進藤」**

**◇天皇の雑役や警衛を行った役人「内舎人《うどねり》」の藤原氏が称した「内藤」**

**◇院の御所を警固する武士の詰所である武者所に仕えた藤原氏が称した「武藤」**

### ◆パターン②　地名と藤原をつなげる

二つ目のパターンは、自分の領地や住んだクニ（国）の地名と藤原氏を結びつけたものです。

地名はたくさんありますので、ここからたくさんの名字が作られました。ざっと例を挙げましょう。

**◇伊勢（三重県）に本拠を構える藤原氏は、「伊藤」**
**◇加賀（石川県）に本拠を構える藤原氏は、「加藤」**
**◇尾張（愛知県）に本拠を構える藤原氏は、「尾藤」**
**◇遠江（静岡県）に本拠を構える藤原氏は、「遠藤」**
**◇佐渡（新潟県）に本拠を構える藤原氏は、「佐藤」**
**◇佐野（栃木県）に本拠を構える藤原氏は、「佐藤」**
**◇武蔵（東京都）に本拠を構える藤原氏は、「武藤」**
**◇近江（滋賀県）に本拠を構える藤原氏は、「近藤」**
**◇那須（栃木県）に本拠を構える藤原氏は、「須藤」**
**◇信濃（長野県）に本拠を構える藤原氏は、「信藤」**

**◇安芸（広島県）に本拠を構える藤原氏は、「安藤」**
**◇肥後（熊本県）に本拠を構える藤原氏は、「後藤」**
**◇備後（熊本県）に本拠を構える藤原氏は、「後藤」**

以上の中には、職業由来にもある名字があります。

特に「佐藤」は、職業由来と地名由来があり、さらにどちらの場合も複数の由来があるため、現在、全国で最も多い名字として有名です（佐藤姓が増えた理由は他にもあります）。

**◆パターン③　藤原氏と他の氏族を合わせる**

三つ目のパターンは、藤原氏と他の有力氏族の名前が合体した名字です。例えば、次のようなものです。

**◇大江氏の一族が藤原氏の一族を継いだことで発生した「江藤」。**
**大江氏とは、古墳造営や葬送儀礼に関わった古代豪族の土師《はじし》氏を源流とする氏族です（ちなみに、家が集まった単位が一族で、一族が大きくふくれあがったものを豪族という）。**

**◇平安時代の陸奥国の豪族安倍氏と藤原氏の合体で誕生した「安藤」なども有名です。安藤は地名由来の場合もあります。**

ゆえに、〝藤〟の付く名字は、300種類を超えるメジャー姓なのです。

## ◉齋藤・齊藤・斎藤・斉藤という文字

〝サイトウ〟の〝さい〟という漢字ですが、「齋藤と斎藤」「齊藤と斉藤」はそれぞれ、旧字体と新字体の関係となっており、名字のルーツには関係ありません。明治になって名字を登録した際、新字か旧字のどちらを登録したかにすぎません。

ただし、斎と斉（旧字体でいうと齋と齊）はカタチが似ているだけで全く別の漢字です。斎は「清める」という意味で、斉は「ひとしく」という意味の違いがあります。

しかし名字の上では、斎藤も斉藤もルーツは同じです。

## ◉サイトウの由来

サイトウは、正確には「齋藤」という名字が元となります。

中臣鎌足《なかとみのかまたり》が天智天皇から藤原姓を賜って始まったのが藤原氏です。藤原は、この中臣（藤原）鎌足、一人を由緒としています。

藤原家繁栄の基礎は、鎌足の子「藤原不比等《ふじわらのふひと》」が築きました。不比等には4人の男子がおり、それぞれが「南家」「北家」「式家」「京家」の祖となります。そのうちの「北家」利仁流の祖となった藤原利仁《ふじわらのとしひと》の子の叙用《のぶもち》が、伊勢神宮の齋宮頭（さいぐうのかみ、いつきのかみ）を務めたことで名乗ったのが「齋藤」という名字の発祥です。齋宮頭とは、神事を司る長官のことです。

つまり、齋藤は、名字の種類でいうところの、官職名と藤原をつなげた職業由来にあたります。

藤原利仁の母が越前敦賀の豪族「秦《はた》」氏の出であったことから、齋藤氏は越前（福井）を中心に北陸で栄えました。

## ◉サイトウの移り変わり

このように、正確には齋宮頭の「齋藤」が本来の漢字です。

しかし「齋」という漢字は字画が多く、複雑で署名も大変です。そのため、だんだんと省略された「斎」が使われるようになり、さらに省略された「斉」が使われるようになったのです。

そして、この「斉」を旧字体に戻した「齊」も使用されるようになり、４つのサイトウが混在するようになりました。

つまり、サイトウという名字（文字）の関係性は、次のようになります。

**齋藤→斎藤→斉藤→齊藤**

（諸説あり、一概に発祥の順とは言い切れない。）

参考までに、古文書に書かれた文字をいくつか見てみましょう。

毛筆と墨で書いていた時代、字画が多い「齋」を紙に小さく書くのは、大変だったと思います。省略形の字体になるのも仕方ないことでしょう。

## ◉サイトウの分布

面白いことに、４つのサイトウには分布上の偏りがあります。齋藤・斎藤は東日本に多く、斉藤・齊藤は西日本に多いのです。西日本の方が画数が少ないのですが、これは他の名字でもいえる傾向です。

そのはっきりした理由は誰も解明できていません。ただ、西日本の方が歴史が長いため、徐々に表記が簡略化していったといわれています。

西日本は概して東日本より天候が良好であり、稲作も盛んでした。日が長く、農作業をする時間も多いという生活環境から、署名もできるだけ簡単に合理的に済ませたかったからではないか、と私は考えています。

## ◉「齋」の語源

「齋」という漢字の語源についても触れておきましょう。

「齋」は神事に奉仕する婦人が、髪の上に三本の簪笄《しんけい》を立てて並べた形です。簪笄とは、かんざしのことをいいます（下図中央）。祭祀に奉仕するときの婦人の髪飾りであり、祭祀に奉仕することを「齋」と表しました。示は、祭卓のことです。

このように祭卓の前で神事に奉仕することが「齋」ですが、その奉仕する婦人を表わした下図左のような漢字もあります。名字としては使われていませんが、表記のとおり〝女〟が入っています。

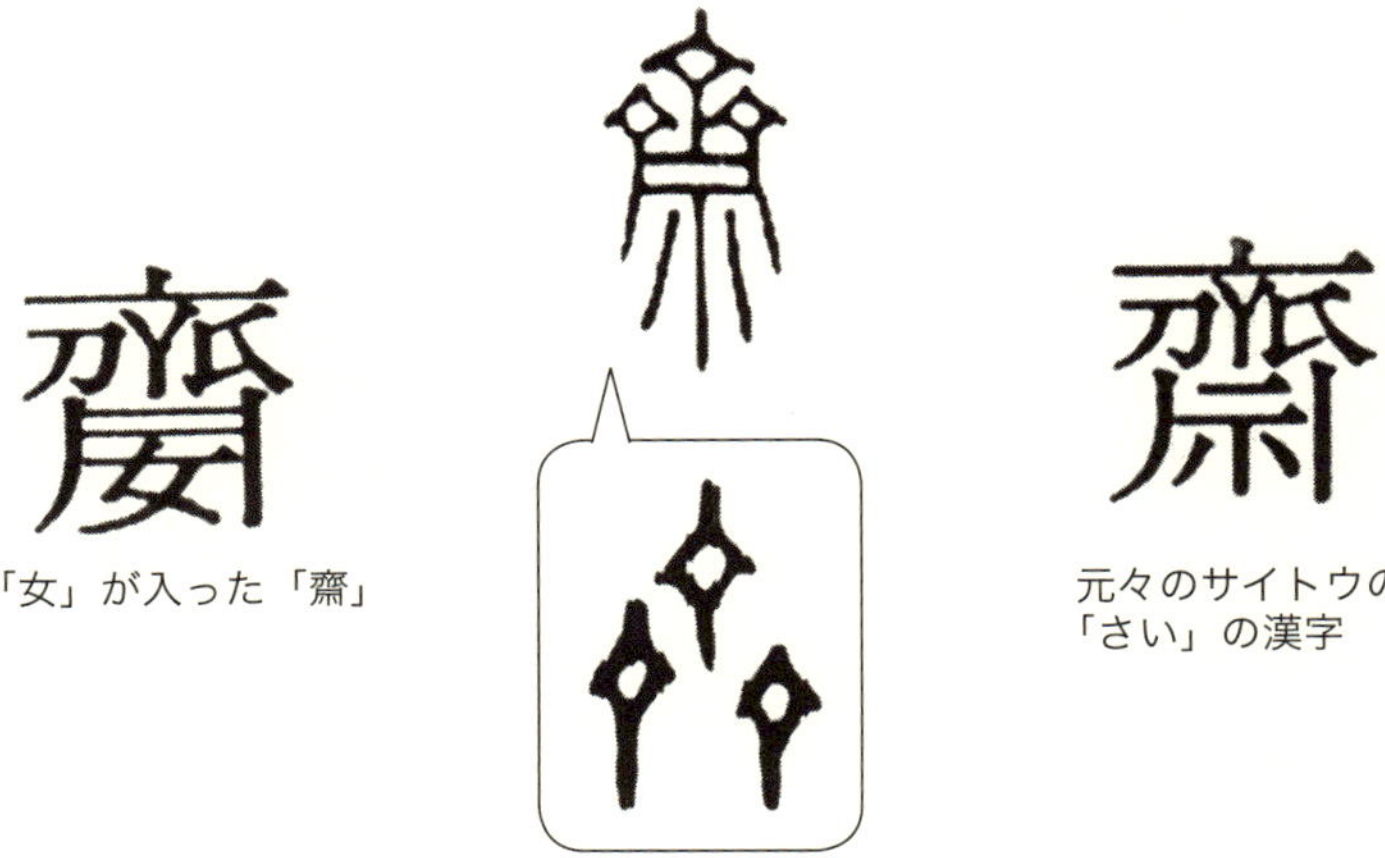

元々のサイトウの「さい」の漢字

「女」が入った「齋」

髪の上に三本のかんざしがある

## ◉サイトウの希少な一説

別の角度から「サイトウ」の由来を研究する説があります。

「百済《くだら》」の海洋民の韓人（弥生時代に大陸や朝鮮半島から渡来して弥生人となった）を済藤《さいとう》といい、佳字《けいじ》（佳《よ》き名）として斎藤・斉藤を用いるようになった」という説です。藤《とう》は、唐《とう》の佳字として変えられたものです。この説も一理ありますが、さらなる研究が必要です。

## ◉全国のサイトウさんの数は？

最後に、サイトウという名字が、全国に何人いるかを見てみましょう。私の持つ電話帳データ（２０１４年４月までに発刊された１６２１万件のデータ）によると、それぞれ

| | | | | | |
|---|---|---|---|---|---|
| 1位 | 斎藤 | 67,142件 | 11位 | 歳桃 | 36件 |
| 2位 | 斉藤 | 44,177件 | 12位 | 齋籐 | 35件 |
| 3位 | 齋藤 | 13,138件 | 13位 | 齊籐 | 31件 |
| 4位 | 齊藤 | 5,573件 | 14位 | 妻藤 | 9件 |
| 5位 | 西藤 | 511件 | 15位 | 細藤 | 9件 |
| 6位 | 西頭 | 212件 | 16位 | 犀藤 | 9件 |
| 7位 | 西東 | 145件 | 17位 | 斎籐 | 9件 |
| 8位 | 才藤 | 79件 | 18位 | 薺藤 | 8件 |
| 9位 | 西頭 | 61件 | 19位 | 斎当 | 8件 |
| 10位 | 済藤 | 58件 | 20位 | 斉当 | 7件 |
| | | | 21位 | 佐囲東 | 4件 |

サイトウさんの漢字の種類

のサイトウさんの件数は別表のとおりです。

〝西〟が入るサイトウさんは、地名（方角から付けた地名）が由来だと思われます。〝サイトウ〟という耳で聞こえた音に、当て字で付けたと思われるものもあります。分家の際に本家と少し文字を変えた、と思われるサイトウさんもいます。

また、全国的戸籍制度が始まった明治初期、代理人を含む届け出した人が、文字（漢字）を書き間違えたり、聞き間違えたりして、そのまま記録されたケースがあります。役所の戸籍担当が間違えることも現実にあります。

〝サイトウ〟だけに限らず、実は驚くほど多くの名字（文字）が、こんな間違いからも生まれ、今も存在しているのです。

なおこれらの件数は、２０１４年の電話帳データからの統計ですので、携帯電話だけで過ごしている人や、個人情報の観点から公表していない人も大勢います。そのため、全てのサイトウさんの件数ではありませんが、傾向や雰囲気はわかると思います。

また、電話帳に登録していない人の中には、まったく別の漢字を持つサイトウさんもいるはずです。

いかがでしょう。サイトウという名字一つとっても、興味深い由緒があることがわかりますね。

## 都道府県名のうち、名字になっていないものは？

「名字の8割は地名からつけられた」ということを知っている人もいると思います。都道府県と同じ名字を持つ人も少なくありません。例えば、香川さんや山梨さんなど、皆さんのまわりにも何人かいるのではないでしょうか。

都道府県名と同じ名字を、多い順に第10位まで挙げてみましょう（別表）。

どうですか？　2〜3人はあなたの身近にいませんか？

では、47都道府県の中で名字としては使われていない都道府県名があるのですが、皆さんはどこだと思いますか？

| | |
|---|---|
| 1位 | 山口 |
| 2位 | 石川 |
| 3位 | 宮崎 |
| 4位 | 千葉 |
| 5位 | 福島 |
| 6位 | 福井 |
| 7位 | 長野 |
| 8位 | 福岡 |
| 9位 | 宮城 |
| 10位 | 秋田 |

名字になっている都道府県名の多い順

それは、次の３つです。

**◇北海道**
**◇愛媛**
**◇沖縄**

なぜ、この３つの名字は無いのでしょうか？

名字の歴史を少し遡りましょう。明治３（１８７０）年９月19日に「今後、平民に名字の使用を許す」という『平民苗字公称許容令』が布告され、平民も自由に名字を公称できるようになりました。そして、明治５（１８７２）年２月１日に「戸籍法」が施行され、日本で初めて本格的な戸籍制度が開始されます。このときに作られた戸籍が「明治５年式戸籍」であり、通称「壬申戸籍《じんしんこせき》」と呼ばれています。

しかし名字の登録は進みませんでした。なぜなら、別に名字を名乗らなくても不自由がなかったからです。

政府による戸籍制度の思惑は、富国強兵のために戸籍を届けることで人民を把握し、厳格に徴兵と徴税、教育を課すためでした。そこで、明治８（１８７５）年２月13日の『平民苗字必称義務令』（太政官布告第22号）によって、すべての国民に苗字（名字・姓）を名乗ることが義務付けられたのです。

これに先立って、明治5（1872）年5月7日に『複名禁止令』（太政官布告第147号）が、同年8月24日には『改名禁止令』（太政官布告第235号）が布告され、江戸時代は自由だった複名や改名が禁止されました。これも一個人を特定するためでした。

こうして国民全員が名字を届け出ることになったわけですが、そのときに名字を持っていなかった人の間では、いろいろな名づけがなされました。中世からあるように、地名から名字を取るのは一つの名づけ方でした。

名字として採用されていない「北海道」「愛媛」「沖縄」に話を戻しましょう。確かに、北海道さん、愛媛さん、沖縄さん、は聞いたことがありません。それぞれの地名は次のようにして名づけられました。

**◇「北海道」は、明治2（1869）年に「蝦夷地《えぞち》」と呼ばれた地域を改称した。**

**◇「愛媛」は、明治6（1873）年に「石鉄県と神山県」が合併して愛媛県と名づけられた。**

**◇「沖縄」は、明治12（1879）年に「琉球藩」から沖縄県となった。**

つまり、戸籍を届け出るときに地名として存在していなかったか、直前にできたばかりで知名度が低かったため、名字として使われることがなかったのです。

ただし、北海さんという名字はありますが、読みは、「ほっかい」「きたうみ」「きたみ」です。

もう一つ〝京都〟について説明しましょう。

「京都府」は、明治４（１８７１）年の廃藩置県で定められましたが、これも戸籍制度のほんの少し前に誕生した名称です。そのため一般に浸透しておらず、名字としてつけた人はいません。「京都（きょうと）さん」とは聞きませんね。

しかし、九州に若干名と、福岡県、佐賀県、熊本県などに「京都」さんがいます。また他の県（例えば兵庫県）にもいるようです。ただし、読み方は〝きょうと〟ではなく〝みやこ〟です。福岡県豊前地方に京都（みやこ）郡があるので、この地名が発祥だといえます（諸説あります）。

このように、都道府県から見ても名字の面白さがわかるのではないでしょうか。

## 「家」制度とは？

戦後にできた日本国憲法は、個人の尊厳と男女の本質的な平等を基本としています。また戦後の民法改正によって、「婚姻は家族の出発点であり、夫婦が家族の中心」となりました。これによって、明治民法で家族の基本となっていた「家」制度が変わりました。明治民法は、先祖から子孫にいたる「家」の永続性を重んじており、男尊女卑にもとづき、家父長的な「家」制度でした。「家」は、家名、家業、家産を一体的に、先祖代々継承し、永続を求める経営組織体です。個人単位での父系血統の永続よりも、家の永続が求められました。この家の系譜が「家系図」です。

明治以来、氏は「家」の名であり、「家名」は他家と区別する家の象徴でした。一家や一族のことを〝○○家〟(例えば〝佐藤家〟〝鈴木家〟)と称しますが、これは家制度の名残です。今でも〝○○家〟や〝ご両家〟という表現を見聞きすることがあります。その代表的な場面は冠婚葬祭のときです。

現在「○○家」というのは
冠婚葬祭のときぐらい。

このような冠婚葬祭の場以外で「○○家」は、ほとんど見かけませんね。今では、名字は家名というよりも、個人の呼称という意識に変わっています。

## 家紋を知る

読者の皆さんの家にも、家紋があると思います。しかし今の時代、家紋に興味がない人も大勢います。正直、私も若い頃は自分の家紋を知りませんでした。

家紋は「家の文様」の略称で、家の標識、シンボルマークのことです。祖先の出自や血統、家柄、身分などを端的に示す、先祖調査には重要な目印になります。

本書でも、家紋の歴史について少し触れておきましょう。

家紋は12世紀、平安時代の公家たちの牛車《ぎっしゃ》（牛に二輪車を引かせた乗り物）につけたマーク（文様）が始まりといわれています。当時の牛車は現在でいうマイカーのような存在です。

牛車に乗って朝廷の行事に集まった貴族たちが、家に帰るとき、多くの牛車の中から自分の車を見つけるのは大変でした。現在の自動車のように、様々なカタチや色、車種もありません。

そこで、自分の牛車を見分けるために付けたマークが家紋のはじまりです。当

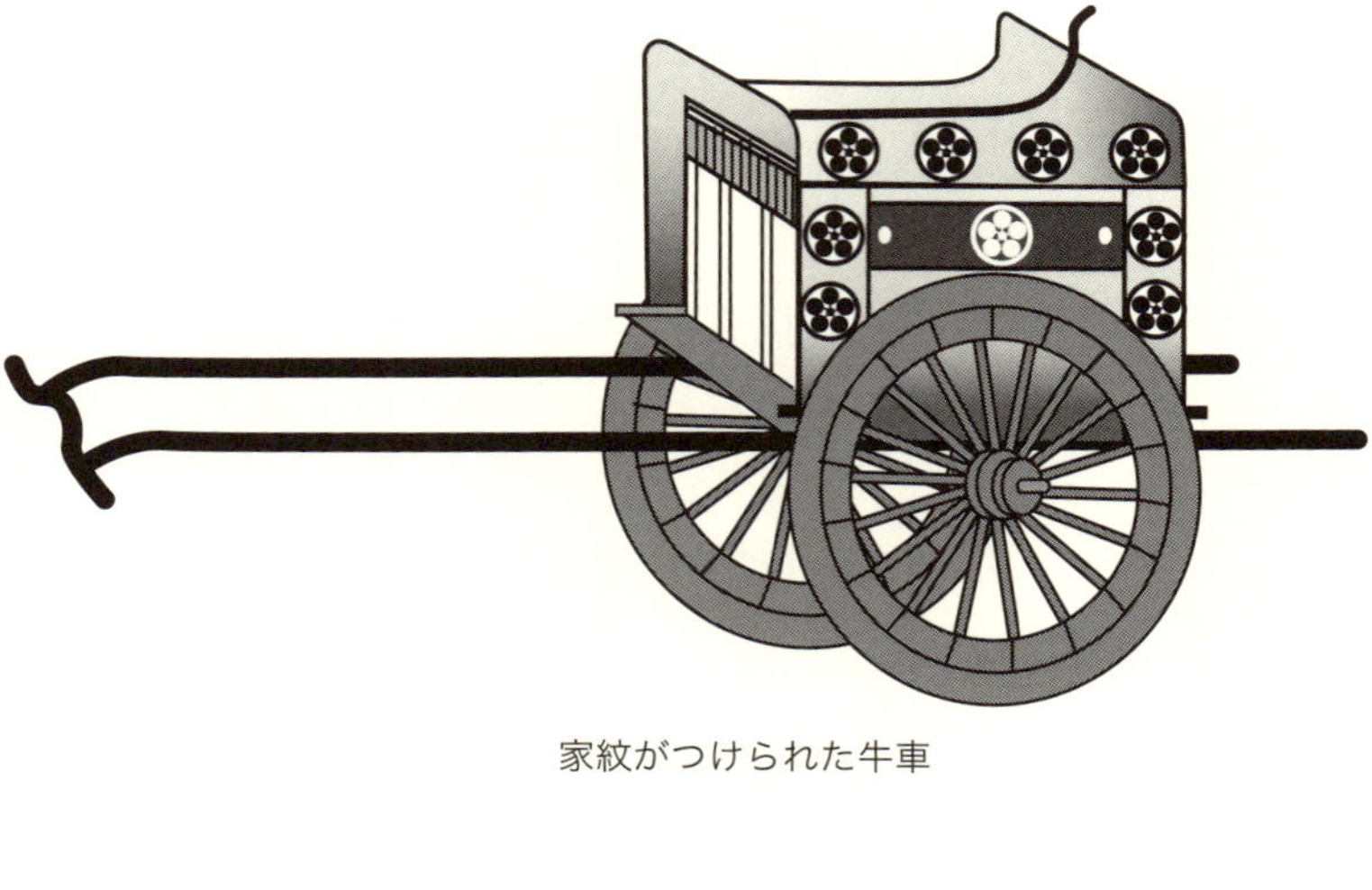

家紋がつけられた牛車

時は車紋といわれ、大陸から渡来した流麗、優美なデザインがもとになりました。

その後、家々の対抗意識から、一家の結束を固めようという意識も加わって、衣服や調度物にも家紋がつけられるようになりました。

そして鎌倉時代半ばには、武家にも家紋が行き渡りました。公家の家紋は、単なる優雅な意匠として身を飾るものでしたが、武家の家紋は、出自や嫡流、庶流の区別をあらわす要素が強く、一体感、連帯感、団結心、忠誠心といった一党のシンボルとなるものでした。

現在では、代々続いてきた「家」という帰属も薄れ、家紋が書かれた羽織など持っている人もほとんどいないでしょう。明治初期に名字が無くても生活に困らなかったように、今は、家紋を知らなくても生活に困りません。

しかし家紋は、自分の先祖の系統を探す上では重要な手がかりの一つで、出自や血統、家柄、身分などを示す一つの目印となります。

私の依頼人の半分の方は、「自分の先祖が江戸時代から明治にかけて、どこに住んでいたかをよく知らない」といいます。

自分の親の兄弟姉妹（いわゆる叔父や叔母）など、ごく近い親戚でも縁遠くなっている時代です。祖父母の兄弟姉妹、ましてやその上の高祖父母の兄弟姉妹など、まったくわからないのが実状です。

また、依頼する人の約9割は、遡ってみるといずれかの時代に分家していることがわかります。つまり、長男（嫡流）ではない、二男、三男などの系統です。本家と思って江戸時代をたどっていくと、その上にさらに本家があったりします。本家争いをした、という話も聞きます。

分家であっても、歴史が深く、「分家初代から十数代続いている」「しっかりと系図が残っている」という場合もあります。本家より繁栄した分家も数多くあります。分家は続いているのに、本家が絶えてしまったケースも少なくありません。

先祖調査では、分家の末裔から本家に向かってたどっていきます。そんなとき、家紋は一つの手がかりになります。

江戸時代は家紋業者も多く、様々な創作・造作によって、家紋と家の由来が対応しないケースもあると聞きます。位の高い家の家紋を勝手に使ったり、盗用あるいは家紋を下賜するなど、混乱してきたのも事実です。

しかし、やはり家紋は、その家の由来と深くかかわり「似た家紋をもつ家どうしは系譜的に近い」と考えてよいといえます。私もこれまでの先祖調査のなかで、家紋を手がかりにしたことが何度もあります。今も多くの家では、家紋を大切に継承しています。

家紋は、基本形で約４００種、細かく分けると2万通りあると言われています。一つの家紋でも何種類もの派生紋があります。

分家は、本家の定紋《じょうもん》（正紋、本紋、代表紋ともいう）を少し変えて作ってきたので、分家がおこるたびに家紋は増えました。

ここでは、例として「梅紋」を見てみましょう。

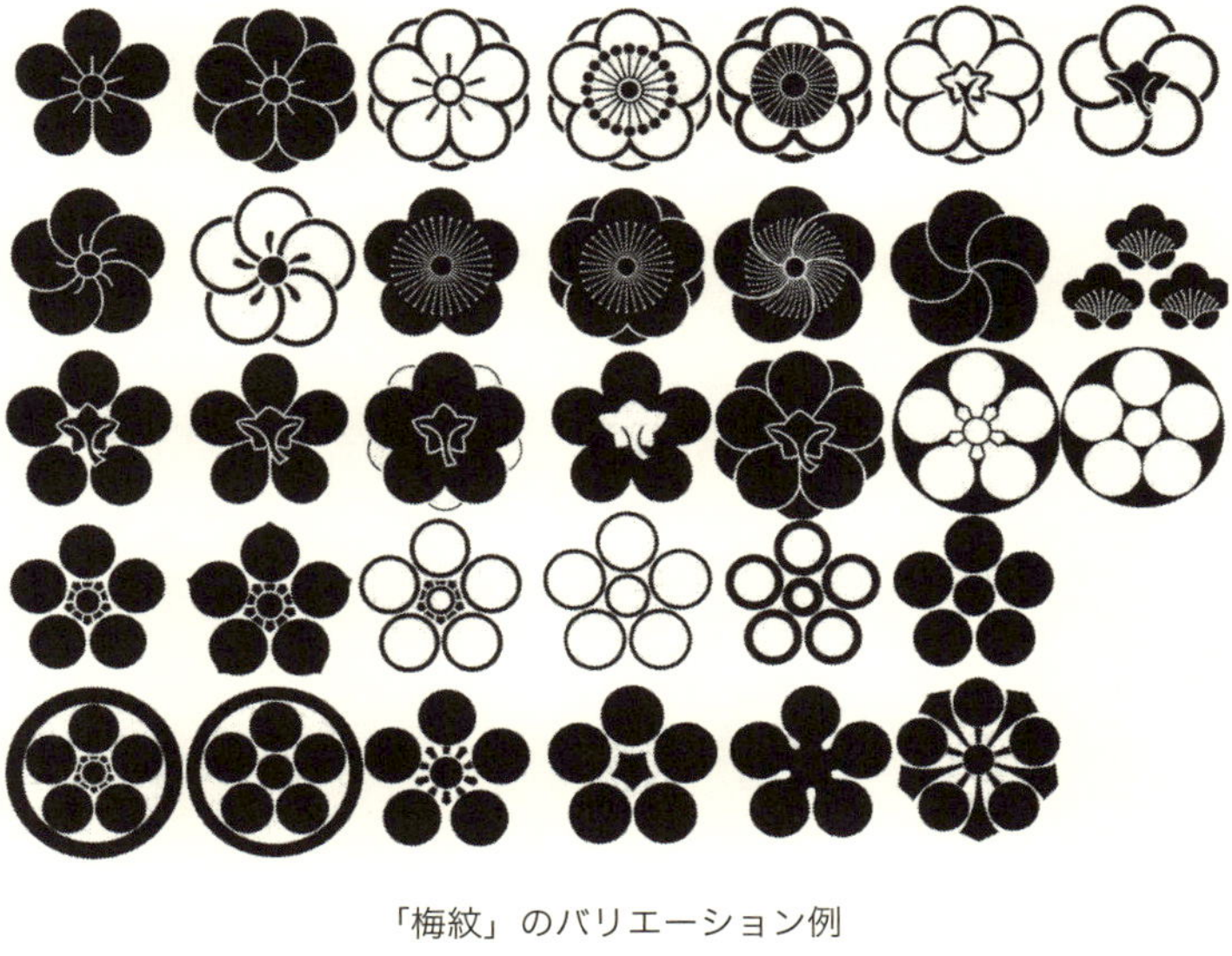

「梅紋」のバリエーション例

梅紋を33種挙げましたが、これがすべてではありません。家紋は数多くのバリエーションがあります。

家紋は次のような方法で、変化させながら増えていきました。

**◇何かを付け加えて変化させた**

**◇紋の周囲を円や角で囲った**

**◇裏側から写した**

**◇葉や花の形をとがらせる**

**◇葉や花びらを折る**

**◇横から見る**

**◇上下反対にする**

**◇結んだ形**

**◇省略したり分割したり…**

家紋は次々と造作されたわけですが、やはり祖先の目印であることに変わりはありません。サンプルの梅紋でも、それぞれ少しずつ変化していますが。どれも「梅紋」には変わりません。
家紋は「名字の図案化」とも言われ、名字と家紋は表裏一体のものです。先祖探しの一つの手がかりであることに間違いありません。

## 家に残る言い伝え

あなたの家には先祖の言い伝えはありますか。
私が先祖調査の依頼を受ける際は、必ずその家に残る言い伝えを聞いています。
例えば、次のような内容です。

**「庄屋をしていた」**
**「幕府の御典医をしていた」**
**「武士だったが、西の方から逃れてきた」**
**「平家の落人だ」**
**「村のほとんどはうちの土地だった」**

## 「先祖は○○○○○（有名人物）だと聞いている」「○○○○の家来で東国から一緒についてきた」

調査をしてみると、家に残る言い伝えは、だいたい当たっています。特に庄屋の場合は、郷土史に記載があることも多いですし、古文書に名前が書かれて残っていることが多いです。

先祖調査では〝庄屋〟がよく出てきますので、簡単に説明しておきましょう。

> ※庄屋とは？
> 庄屋は村の長のことで、藩の領主が村の農民統治のため、百姓から選出した村役人のことです。地域によって〝名主《なぬし》〟や〝肝煎《きもいり》〟ともいいます。
> 庄屋は、年貢の納入、村の土木工事、戸籍調査、宗門改め（キリシタンでないことの確認）、土地の売買・質入や村民の訴願の管理などを役目としていました。
> 私が先祖調査をするなかでは、江戸時代に庄屋を務めた家は、もともとは武士で、江戸時代になって帰農した家系が多いです。

では、家に残る言い伝えに話を戻しましょう。

調べてみると、その言い伝えが事実と異なっている場合もあります。先祖は（歴史上の）

有名人物だと思い込んでいた場合は、多少がっかりするかもしれません。

しかし、どのような先祖でも、様々な苦難を生き抜いてきた、あなたにとって立派な先祖であることに変わりません。思っていた有名人物でなくとも、そのような言い伝えが残された理由はあるはずです。それを知ることも興味深いのです。

言い伝えにとらわれすぎてはいけませんが、言い伝えは先祖調査のカギになり得ます。

## 先祖にたどり着けない場合

私は、インターネットで『家系図作成・先祖調査請負人』というホームページを開設しており、その中で、戸籍を超えた調査の実績を掲載しています。

そこでは、「戸籍以上の名前が一代でもたどれたか」と「暮らしぶりがわかったか」という二つの観点から結果を載せています。ここでいう〝暮らしぶり〟とは、職業、家業、屋号、地位、住んでいた場所、所有地やその広さ、本家に残るエピソードや言い伝えなどです。

調査実績としては9割前後、つまり依頼人10人のうち9人は先祖に関する情報が判明した、という結果です。逆に言うと、10人のうち1人はわからなかった、ということになります。

そこで、わからなかったケースについてお話します。理由は大きく二つです。

## ◉本家及びお寺から一切の協力を断られる

前述の通り、多くの家系はある時期に本家から分家した家です。先祖調査では、本家筋を探し出し、その菩提寺にあたります。

ただ稀に、本家から分家した際、あるいはその後に家同士のトラブルによって、本家側にしこりが残っていることがあります。江戸時代のことであれば言い伝えも薄れていますが、明治時代以降では、まだその記憶が根強く残っていることもあります。しかし、先祖調査では、本家に残っている記録や言い伝えは重要な手がかりになります。

菩提寺がわかり、お寺に直接問い合わせても、本家から住職に「協力しないように」という要請が出ていたりすると、この線からの調査はここでおしまいです。

それでも、文献や古文書で調べれば、先祖に関する情報は得られるのですが、「そういうこともやめてほしい」と本家筋から言われ、調査を中止したことがあります。本家に残る古文書の閲覧を、「見せるメリットがない」と拒否されたこともあります。本家もいろいろです。

ただ、このようなケースはごく稀で、ほとんどの人やお寺は協力してくれます。くじけず続けていけば、きっかけは見つかるものです。

## ◉村の記録がすべて消失している

私はこれまで、何人かの北海道在住者から調査の依頼を受けました。明治時代、多くの人が北海道開拓事業に手を挙げ、生まれた故郷の地を離れて北海道に移りました。ある事例でお話しします。

北海道で戸籍を取ってみると、北海道に移る前の故郷の本籍地と名前がわかります。先祖調査する地は、その故郷の本籍地になります。

明治20年代、30年代に、北海道へ開拓民として転籍した場合でも、明治19年式戸籍といわれる、現在取得できる最古の戸籍が故郷の役所に残っているはずです。

しかし、戸籍は除籍や原戸籍になってから80年間経つと、役所の判断で廃棄してよいことになっていました。運が悪いと、役所が古い戸籍をすべて廃棄していることがあります(戸籍の詳細は第4章で説明します)。

第1章の「苦難の道」のところでもお話しした、明治時代に村の約7割を焼きつくすという大火事によって、家、寺院、過去帳、古文書などすべて失われていた石川県金沢市での先祖調査の事例です。

地元に親戚筋が続いていれば、きっかけを見つけやすいのですが、誰もいない、生きた証が何もない場合はとても困難な調査になります。文献調査や聞き取り調査で「おそらくそうだろう」という情報は集められましたが、具体的証拠とまではいえません。過去帳が焼失しても、まだお墓があればいいのですが、無縁墓として墓も処分されていると全くわかりません。

結局、確からしい先祖情報は集められましたが、確実なものではなかったため、この結果は「うまくいかず」で終了しました。

また、熊本県天草での事例ですが、山すそから海岸に広がっていた村で、大正時代、台風、大雨による山崩れが起こり、村のすべてが海に押し流されてしまった、というケースがありました。これも結局、具体的証拠が集められませんでした。

火事や災害、昭和の時代では空襲などで、様々な記録が焼失（消失）していることは少なくありません。それでも多くの場合は、調査の糸口や何らかの情報は見つかるものですが、どうしても見つからないケースがあります。

ただここに挙げたことは、非常に稀なケースです。このような場合でも、先祖に関わる情報が何もないことはありません。そういう意味では「まったく何もわからなかった」ということは一度もありません。

## どのような古文書を探すか

戸籍を超えた先祖調査では、見つけられる限りすべての郷土史、歴史地図・地理情報、産業史など、数多くの文献を確認します。

郷土史の中に古文書が掲載されたり、引用されていたりします。また、資料編として古文書だけが別冊にまとまっている郷土史も数多くあります。

郷土史が作られるときは、一般的に教育委員会が主体になって郷土史編纂室が作られ、個々の家に残る古文書調査が一斉に行われます。

古文書は編纂室の専門家に読み込まれ、郷土の歴史の貴重な情報源となり、代表的な古文書は郷土史の紙面上で写真や活字で表わされます。

ここでは、先祖調査で確認することの多い古文書はどのようなものか、代表的なものを紹介します。これらは、先祖の名前の存在を確認する上で、基本の古文書になります。

ただ、武士の名簿である「分限帳」以外は、ほとんど名字が載っていないため、どれが自分の先祖かわかりません。古文書の文字を読み取るのも難しいものです。古文書解読事典などで、名前と年月日だけでも読み取れるように頑張りましょう。古文書は、郷土史などで活字になっている場合が多いので、まずは郷土史を見てから現物を見ると内容がわかりやすいと思います。

例えば、郷土史では文書の最後の名前欄に「(以下、30人連名　略)」と書かれている場合も、現物を見ればそこに先祖の名があるかもしれません。

以下に、代表的な古文書を挙げました。運よくこれらが見つかれば、先祖調査も進展しやすいと思います。お寺の過去帳では、名字や俗名（実名)、続柄が書かれていることも多いのですが、下の名前だけではどれが自分の先祖かわからない場合は、代々の家の通称や通字からあたりをつけて確認していくことになります。

## ◉宗門人別帳

宗門人別帳《しゅうもんにんべつちょう》とは、江戸時代に作られていた現在の戸籍に近い役割をする台帳です。

江戸幕府によるキリスト教の禁教政策によって、「全ての人は必ずどこかの寺の檀家とならなければならない」という寺請制度《てらうけせいど》が確立しました。この台帳に載ることが、キリスト教信者でないことの証明となりました。

原則、毎年新たに作成して代官所へ提出しますが、毎年「改める」ことから「改帳」とも言われます。家ごとに戸主を筆頭に家族、奉公人、下人などが記載されましたが、戸籍とは違って名字は書かれていません。

郷土史に掲載されていることも多いのですが、個人情報が厳しくなってから作られた郷土史では、載っても表紙の写真だけです。ただ、この古文書の存在がわかりますので、後は保管場所や閲覧可能かどうかなどを確認していくことになります。

原本は各地の博物館や資料館、古文書館、図書館などに保管されている場合が多いですが、名主や庄屋、大地主だった個人が所蔵していることもあります。

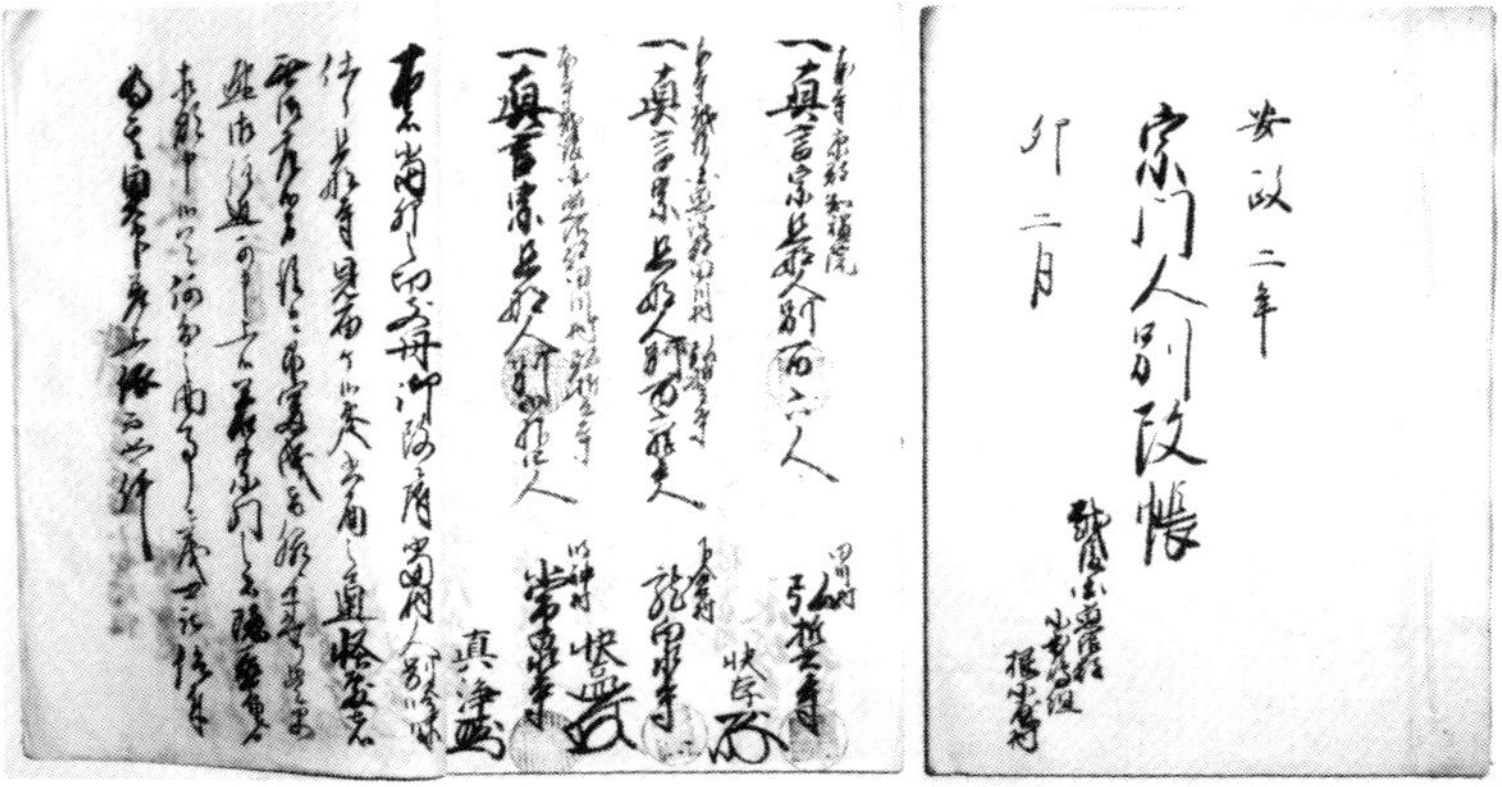

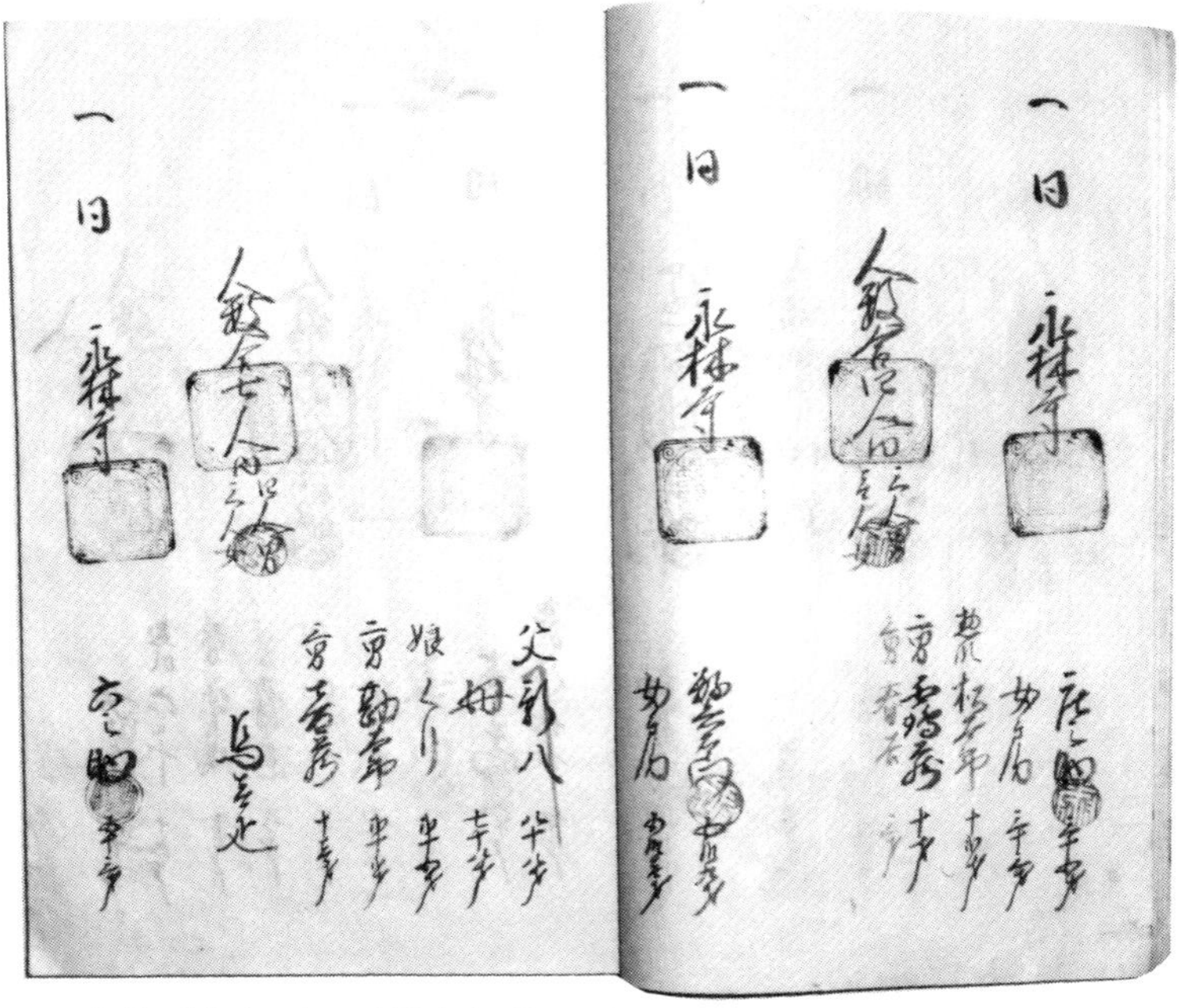

参考：「安政二年　宗門改人別帳・越後国魚沼郡根小屋村」（著者所蔵）

## ◉分限帳

分限帳《ぶげんちょう》とは、江戸時代、大名の家臣の名前、禄高《ろくだか》、地位、役職などを記した帳面のことです。いわゆる武士の名簿録のようなものです。藩が置かれていたところでは、藩士録である分限帳が活字になって郷土史などに掲載されています。原本は、各地の博物館や資料館、文書館などに保管されていることが多いです。武士ですので、名字が書かれています。

ご自身の先祖が武士だったという言い伝えがある人は、藩の分限帳を確認してみるとよいでしょう。

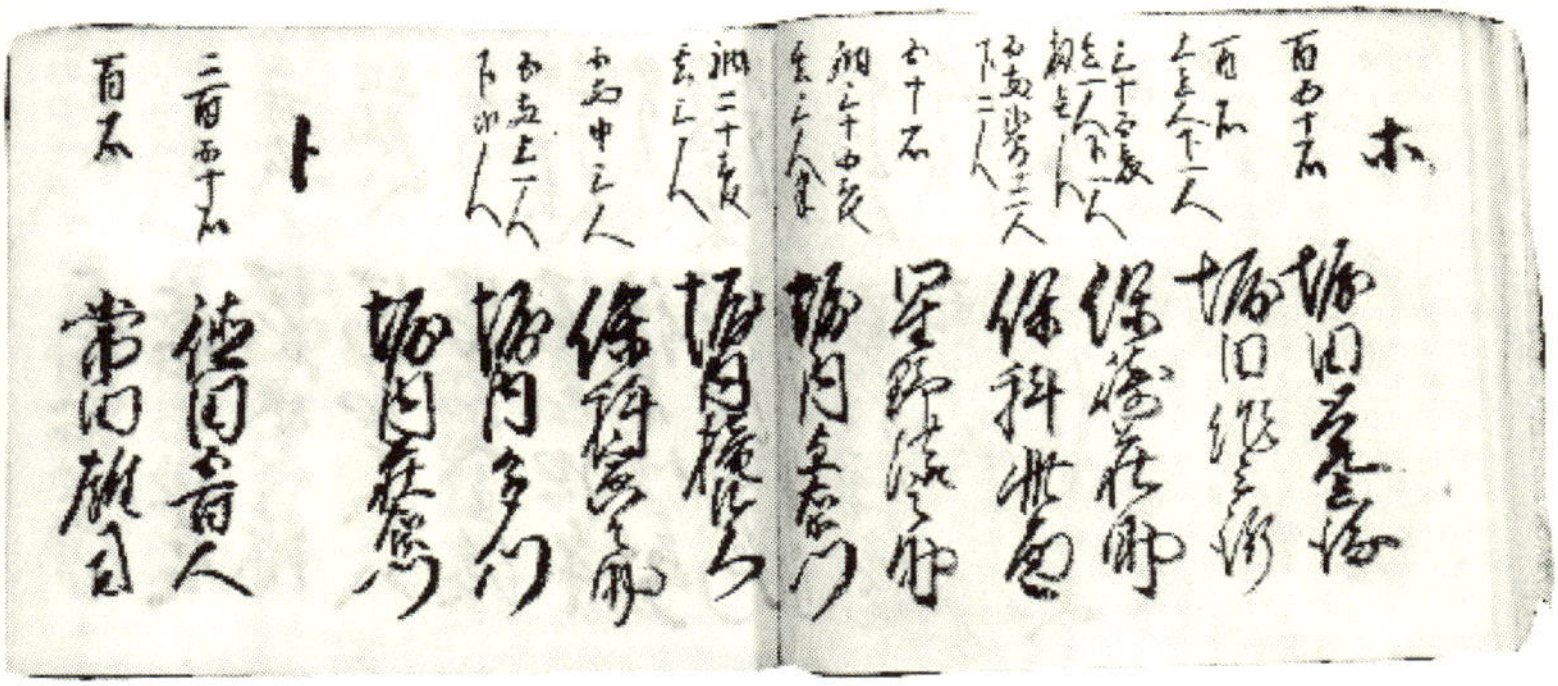

参考：「信濃国松代藩真田家分限帳」

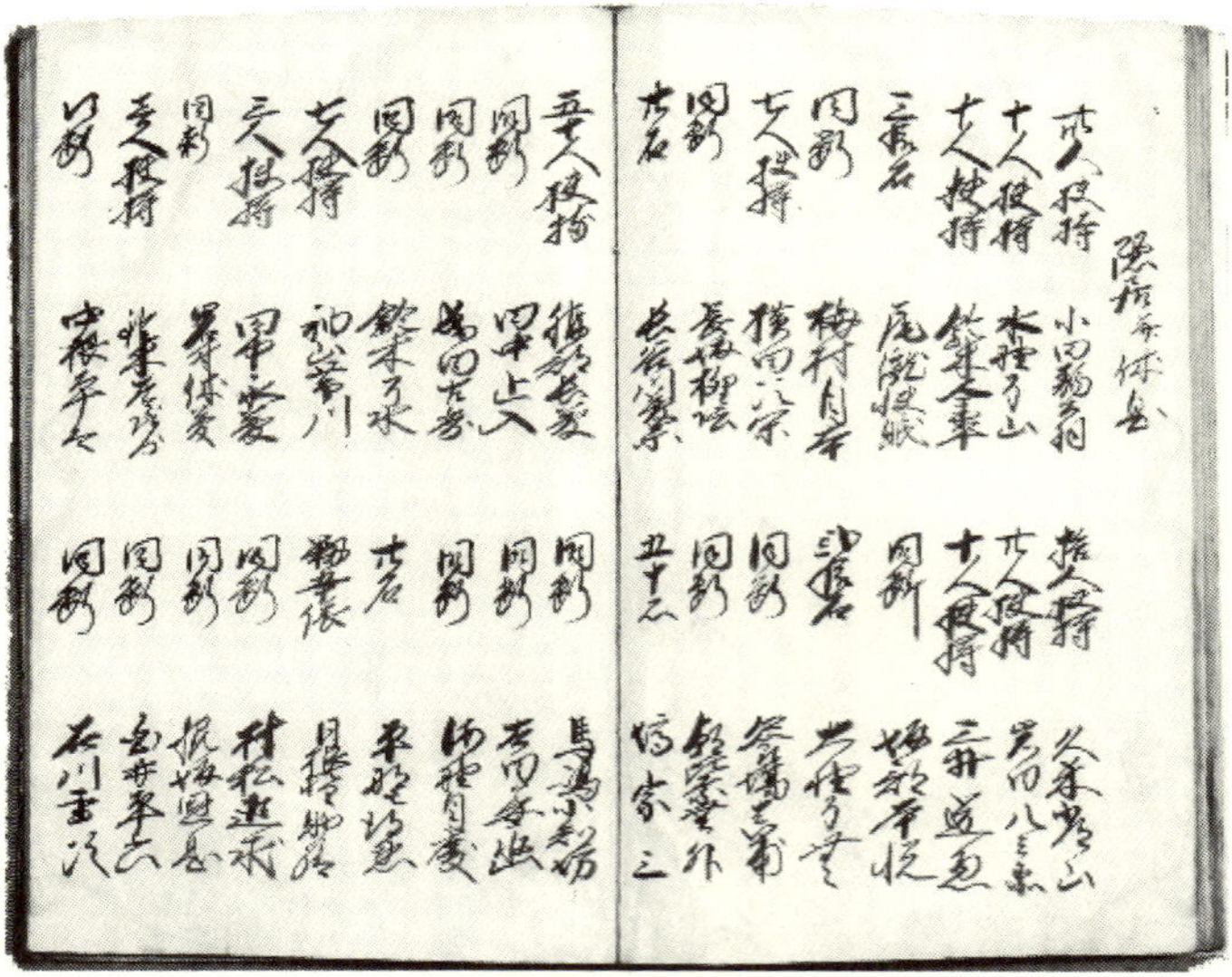

参考：「松本藩水野家分限帳」（著者所蔵）

## ◉検地帳

検地とは、農地の検査（測量調査）のことをいいます。

村内の土地を一筆ずつ、田・畑・屋敷などの区別とその所在、面積および土地の良し悪し（上・中・下・下々）に分けて、作人（検地帳に登録された人で名請《なうけ》という）と収穫量をはかり、これを一村ごとにまとめたのが検地帳（いわば土地台帳）です。水帳、御図帳、縄帳ともいわれます。

ここに書かれた人は、その土地の石高に対する納税義務と引き換えに、その土地の所有権が保証されました。

日本人の約８割は農業を営んでいましたから、検地帳で先祖の名前を確認することはよく行います。宗門人別帳や分限帳に比べて、検地帳が残っている場合は多いです。ただ名字は書かれていないため、どれが先祖にあたるか、過去帳で俗名（実名）を把握していたり、代々の名（襲名）で調べるなど、ある程度名前の情報が必要です。

検地帳に先祖の名があれば、その検地されたときにその人は存在したという証になります。また、名前がたくさん出てくれば、それだけ多くの土地を所有していたことになります。

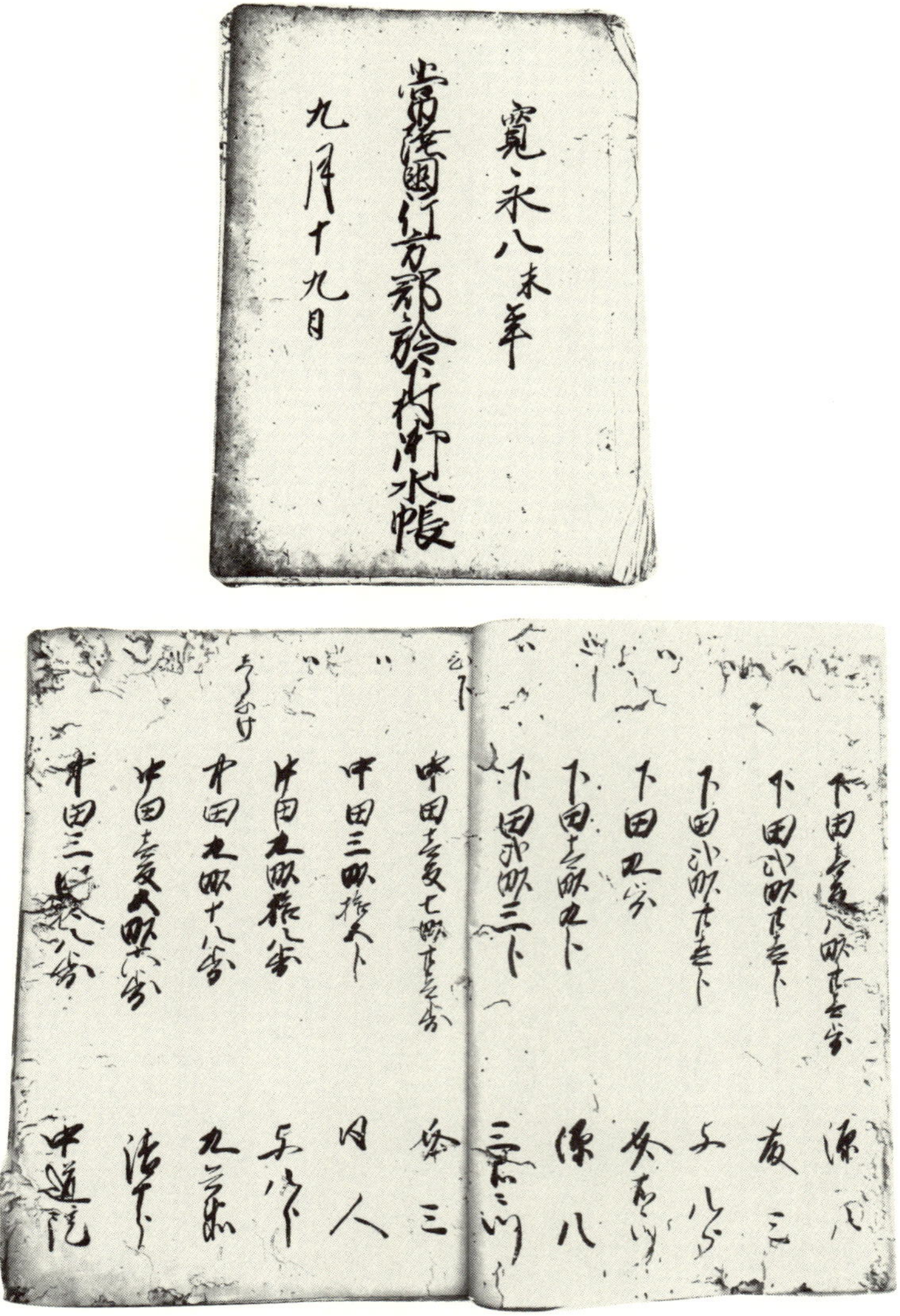

参考：「寛永八年　常陸国行方郡於下村御水帳」

## ◉旧土地台帳

これは古文書とは言いませんが、先祖調査では重要な文書の一つなので挙げておきます。

旧土地台帳は、明治22年頃から昭和12年頃まで利用された、土地の所有者を登録するための台帳です。その土地を所有していたか借りていたか、所有の移り変わりやその原因（相続したのか、買ったのか）がわかります。

戸籍でわかった先祖の住所で調べますが、その周辺地域も確認することで、同姓・親戚の所有者名やその移り変わりがわかります。明治以降の名前でも、そこから類推できる重要な手がかりを発見できる場合があります。今は使われていない字名も記載されています。

閲覧する場合は、その場所を管轄する法務局の不動産登記の証明書発行窓口に行きます。調べたい住所を言って頼めば、その土地台帳を出してくれます。その

旧土地台帳

住所自体の台帳が無い場合でも、その周辺、例えば「〇〇町の〇番地あたり」と言って、土地台帳を出してもらいます。

そして、調べたい住所、及びその周辺の土地所有者をくまなく確認します。複写を取りたいページは、付箋を差し込んで、係員に依頼すると無償で取ってくれます。

台帳は一村では数冊に及びます。広い町（村）だと十冊以上にわたりますので、すべて見るのに半日以上かかる場合もあります。また、複写箇所が多かったり法務局が混んでいると、出来上がりまで数時間を要することがあります。スケジュールに余裕を持って行く必要があるでしょう。閲覧や複写の申請方法は、係員に聞けば教えてくれます。

## ◉過去帳

これも一般的に古文書の分類ではありません。先祖の菩提寺で作られ保管されている、葬儀・供養を行った記録です。

亡くなった人の戒名（または法名・法号）、俗名（実名）、死亡年月日、享年（行年）、戸主との続柄、字名などが書かれた備忘録です。

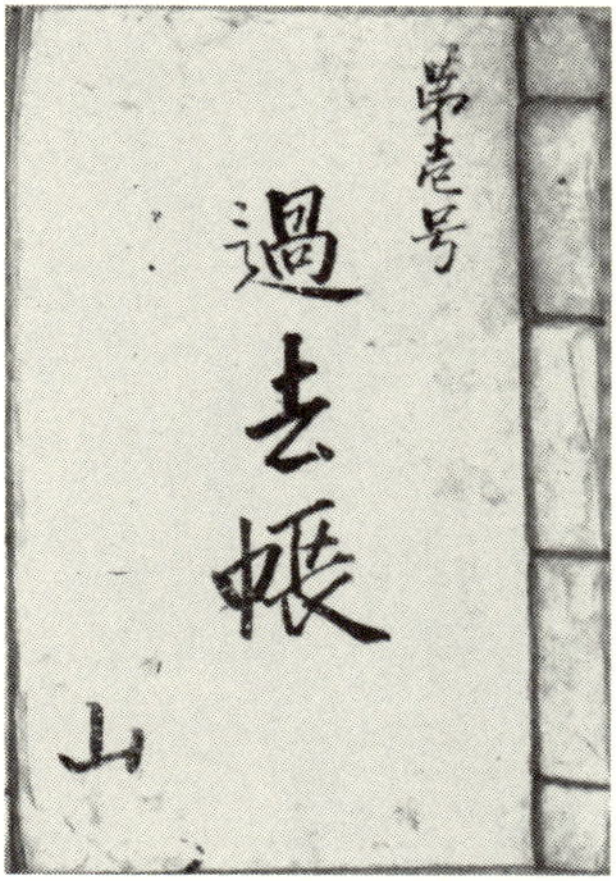

過去帳

江戸時代でも、名字が書かれている場合があります。

過去帳は日付順に記載されていることがほとんどですが、書式は統一されていません。稀に檀家ごとにまとめているお寺もあります。先祖調査では、最も見つけたい記録です。

## 住職もいろいろ

少し古くなりますが、平成26(2014)年5月16日のニュースに、『過去帳は部外者に見せないで。差別懸念、各宗派が周知』という記事が出ました。その記事は次の通りです。

**「寺の檀《だん》信徒の戒名(法名)や死亡年月日などを記した〝過去帳〟について、各宗派が、外部に閲覧させせないよう所属寺院に呼びかけている。かつて、被差別部落出身者かどうかを確かめる身元調査に過去帳が利用されているとして閲覧禁止を周知したが、ここ数年、寺外に見せた事例が相次ぎ判明したためだ」**

きっかけは、同年5月に放送されたNHKのバラエティー番組『鶴瓶の家族に乾杯』で、俳優の谷原章介さんのルーツ探しのため、過去帳を手がかりにするということで、浄土真宗本願寺派のお寺を訪ねて閲覧を求め、住職が明治年間の「門徒明細簿」や「門徒戸数控」などの記録を開示する様子が放送された、というものです。

かつて被差別部落の人の戒名に「賤」「隷」「畜」といった文字をあてて過去帳に記したり、被差別部落の人だけの過去帳が作られたことがありました。そのため、部落解放同盟が、「なぜ今回の問題が起きたのか、その分析から始め、総点検を行う必要がある」ことを本願寺派に指摘して、差別の現実と向き合う中で、教団全体の課題として取り組みを進めるよう求めました。

本願寺派はＮＨＫに「お寺に行けば誰でも過去帳が閲覧できて、情報を得ることができると思わせた責任が大きく、今回の放送が与えた影響は少なくない」と指摘したのです。そして、ＮＨＫ側は再放送の取りやめや今後の制作現場への周知を行い、本願寺派は、今回の閲覧禁止の周知、と至りました。

私は、全国様々な宗派のお寺を訪ねています。

私の手元には日本全国のお寺で撮影させていただいた過去帳の画像が数百枚あります。紙や墨が３５０年経ってもキッチリと残っているのには驚くばかりです。過去帳を一緒に調べてもらったご住職には感謝しかありません。

「先祖を知りたい、家系図を作りたい」というお客様は、ご先祖様への感謝と供養の念がありますので、それを感じてくれているからだと思います。

お寺の過去帳は他の檀家の名前も記載されているので、当然住職の扱いは慎重になります。過去帳の閲覧をお願いした際の住職の対応は、概ね次のいずれかになります。

**◇面談の席の机上に過去帳を出しくれて、一緒に調べる。**

**◇面談の席に過去帳は持ってきてくれるが、住職が手元で調べる。私はそれを見守る。**

**◇面談でいろいろな話はしてくれるが、過去帳を見る際は住職は別室に行き、私はその間部屋で待っている。**

**◇住職は出てこず（不在、忙しいなど）、奥様が過去帳を持ってきて、一人で調べさせてくれる（稀なケース。このような場合、住職は婿養子で奥様の方が檀家に詳しい）。**

**◇一応、社務所の中で応対はしてくれるが、一般的な話をするだけ。過去帳調べは丁重に断られる。**

**◇拒否。玄関先で断られる（稀なケース。身元調査や悪徳系図業者と勘違いされたこともあり）。**

これらは、宗派によって対応が異なるというより、住職の考え方につきます。宗派内で過去帳非開示の通達があっても、多くの住職は協力してくれます。私の経験では、協力を断られるケースは全体の1、2割程度です。

訪問の前には必ずお手紙を出して調査している主旨を説明し、電話でも話しをして協力をいただける回答をもらってから訪問します。

住職はその地域の歴史をよく知っていますし、文字や映像でしか接しない日本史の史実(例えば戊辰戦争など)の出来事を生に聞くこともあります。熊本県のある寺では、訪問した際に大きな仏壇の引き出し奥から、伊藤博文直筆の掛け軸が発見され、住職と一緒に驚いたことがあります。

また新潟県のあるお寺では、「この寺は戊辰戦争のとき、官軍兵士のための炊き出し場だった」という史実も聞きました。

過去帳は第一級の個人情報です。そのため住職の対応はそれぞれです。住職も相手をよく見ていますから、話し方にはとても気をつけます。無理も言いません。

しかし、いきなり「過去帳を見たい」と言ってお寺を訪ねる人は結構いるようです。これはよくありません。

真摯に先祖を敬う話をして、住職が理解してくれた場合に過去帳を見せてくれます。特に檀家である本家筋の口添えがあれば、さらに協力してくれやすくなります。また、無縁となっている墓で住職が困っている場合は、逆に喜んでくれることもあります。

あと一つ重要なことですが、手土産だけでなく、お布施を持っていくことです。仏様への気持ちとはいえ、お布施の有り無しで住職の対応はかなり変わります。住職も人間です。ちなみに、私はだいたい1万円を包んでいます。もちろん金額の問題ではありません。その気持ちが大切なのです。

もし「過去帳は絶対見せない」と言われていた場合でも、挨拶に行くとよいと思います。郷土史や地域・人の情報を聞くだけでも、調べる上で役に立ちます。私は、村の歴史に詳しい人を紹介してもらったりもしています。

もちろん門前払いをする住職もいますが、ごく稀です。あきらめずに、会ってみることです。

# 第3章

# 名字と名前から先祖を知る

# 姓、氏、名字とは？

## ◉姓氏、氏名、名字（苗字）について

私たちの暮らしの中で、「姓名」と「氏名」、「名字」と「苗字」といった言葉の違いを気にすることはありません。何かの記入用紙に、「姓名」とあっても「氏名」とあっても、何も迷わず、ご自分の「名前」（名字＋下の名前）を書くことでしょう。

インターネットに下のような文面がありました。これは名古屋市ホームページの「おしえてダイヤル」という、市民の質問に対して回答している文面です。

この中では「姓」「氏」「苗字」という言葉が混在しています。しかし、この文章を読んで違和感を持

**Q.離婚後、婚姻中の姓をそのまま名乗ることはできますか。【離婚】**

回答　■離婚届と同時に届を出すことにより、婚姻中の姓をそのまま使用することができます。

■また、婚姻により苗字を改められた方は、離婚と同時または離婚後3ヶ月以内に婚姻中の氏を称する届出を行うと婚姻中の苗字をそのまま使えます。

■3ヶ月を超えた場合は、家庭裁判所に氏の変更の許可の申請を申し立て、許可が得られた場合は婚姻中の氏を名乗ることが出来ます。
※家庭裁判所での手続きについては、名古屋家庭裁判所（電話:052-223-3411）に直接お尋ねください。

（名古屋市市民経済局市民生活部広聴課ホームページより）

つ人はほとんどいないと思います。今ではどれも同じ使い方をしていますが、先祖調査をする上では、「姓」「氏」「名字（苗字）」の元々の意味を知っておいた方がいいと思います。

この章では、それぞれの言葉の由来や知っておくとよい情報をお話しします。

## ◉姓や氏が登場する前は？

姓や氏と言われる以前、古代には〝部《べ》〟という今の名字にあたる名称がありました。これは部民《べみん》制という大和国家の制度が生んだもので、特定の技能や職業を持つ人々の集団を呼んだ名称のことです。いくつか例を挙げてみましょう。

「中臣部《なかとみべ》」や「忌部《いんべ》」は祭祀を司る集団でした。また、「日置部《ひおきべ》」や「刑部《おさかべ》」は政治に関わる集団で、軍事を司る集団は「物部」といい、学問・芸能を担当する集団は「文部《あやべ》」「史部《ふひとべ》」といいました。

その他にも、「海部」や「磯部」（漁業）、「池部」（養漁業）、「山部」（山林業）、「田部」（農業）、「渡部《わたりべ》」（渡舟業）、「卜部《うらべ》」（占い業）、「服部《はとりべ》」（織物業）、「矢部」（雑工戸）、土師部（土器製造）といった集団がありました。

この中には、今でもそのまま読みを変えて、名字として使われている名称があります。また、会社内での「営業部」や「総務部」といった組織名にその名残があります。

〝部〟に属する人を「部民（べのたみ、べみん）」と言い、その中から勢力のある〝部〟の長が出現し、「姓」や「氏」を称するようになりました。

## ◉姓・氏とは？

現在は、一般的に姓（せい）、氏（し）といいますが、昔は「姓（かばね）」、「氏（うじ）」といいました。この「姓」と「氏」の漢字は、中国の南と北でほぼ同時期に発生したものです。それぞれを見てみましょう。

### ◆姓（かばね）

「姓」という漢字は「女が生まれる」と書きます。これは、母系主体の文化から生まれ、中国南方のアニミズムを擁する豊かな農耕社会から生じた文字といわれています。アニミズムとは、あらゆるものに霊が宿るという、霊的存在の信仰のことをいいます。

「かばね」は「屍（しかばね）」ともいいます。ただ「死骸・屍体（死体）」とネガティブには考えません。大和言葉においては「骨」の意味であり、骨が転じて血筋・血統となります。

また「かぶね（株根）」の転とも言われ、これも「根」が重要で、葉が枯れても根は残り、翌年またそこから芽が出る、という「生」・「命」につながる意味を含みます。
これが「姓」の語源です。

では、日本の古代に使われた「姓」は何か。これは古代の支配層の豪族が家系によって世襲してきた職名で、「氏」を格付けするものでした。やがて職名の意味が薄れて、家系そのものを指すように変わります。

大和朝廷の支配が強くなるにつれて、私的な称号だった姓は、朝廷がその功績によって貴族や豪族に与える身分の序列を示すものに変わっていきました。

姓には、「臣《おみ》」「連《むらじ》」「公《きみ》」「村主《すぐり》」「県主《あがたぬし》」「国造《くにのみやつこ》」など30種以上ありましたが、天武天皇は豪族を統制するために『八色《やくさ》の姓《かばね》』

という順位付けの制度を制定しました。八色の姓とは、第一位「真人《まひと》」、第二位「朝臣《あそん》」、第三位「宿禰《すくね》」（以下略）の姓のことですが、第一位の「真人」は主に皇族に与えられたため、皇族以外の臣下では「朝臣」が事実上一番上の地位でした。格付ですから、授かった姓によって政治的・社会的な序列があり、一定の姓以上でなければ高級官僚になれないなどの規定もありました。

姓を与えることは天皇の特権であり、天皇は豪族に姓を与え、特定の仕事を任ずることで、各豪族を管理支配していたのです。

たくさんあった姓も、時の経過とともに「朝臣」に統一され、かつ形式的なものに変わり、最後には忘れられていきました。

先祖調査では、「朝臣」という文字(姓)に接することがあるかもしれません。その場合は、「朝臣とは、位の高い姓で称号（一族の地位）だった」、という意味を知っておきましょう。ちなみに、八色の姓の第六位に「臣《おみ》」という姓があるのですが、これは今も「尾身」「尾見」「小見」などに文字を変え、名字として残っています。

### ◆氏（うじ）

「氏《うじ》」も語源からお話ししましょう。

大和言葉の「うじ」は、ウチ（内）、ウミチ（生血）、ウミスジ（産筋）といった語源があり、「氏」という象形文字はナイフの形から変化したもので、中国北方の伝といわれています。

農業が根付かず、獣を捕えて暮らしを立てていた狩猟文化の中で、ナイフを使って獣と闘う男のうちで最も強く信頼される者が、氏の頭となりました。ナイフはその権限の象徴であり、血統の正しさを表す意味で、そのナイフが氏に変わっていったといわれています。

「氏」は、血縁を中心に構成された同族集団（氏族）であり、互いに血のつながった家族の集団を表わします。氏の多くは地名（蘇我氏、葛城氏、阿倍氏、出雲氏など）を名乗ったり、職名（中臣氏、物部氏など）をそのまま名乗りました。

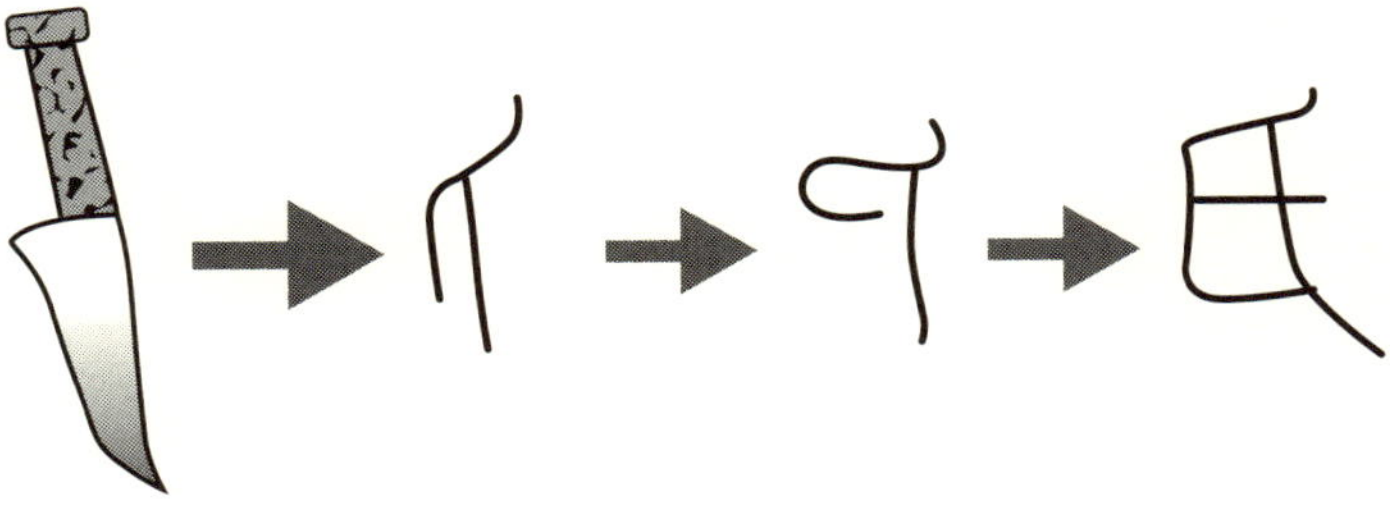

「氏」という漢字はナイフの形から変化した。

こうして、「姓」が形式的になり朝臣だけが残ったのと同時に、姓を〝かばね〟と読む風習もすたれました。そして、〝姓＝氏の名〟とみなされるようになって、氏と姓の同義化が進み、やがて氏の名も次第に消え、「名字」に統一されたのです。

## ◆名字

今私たちが名乗っているのは、「姓」「氏」「名字」のどれでしょうか。

歴史的に考えると「名字」です。お話ししたとおり「姓」は、もともと称号（家の格）であり、「氏」は古代以来の族集団の名であるのに対して、名字こそが家の名にあたります。名字は先祖代々続く「家名」そのものです。同一の名字を用いる人々の範囲は、同一の姓を用いる人々の範囲よりも非常に狭いものでした。

日本には約12万種の名字があるといわれています。さらに、「山崎」を「ヤマサキ」「ヤマザキ」、「河野」を「コウノ」「カワノ」、「池谷」を「イケヤ」「イケタニ」「イケガヤ」のように、同じ漢字でも読み方が違えば別のものとして数えた場合は、約29万通りあるといわれています。

名字の「名」は、「名田《みょうでん》」のこと、つまり土地のことを表していました。「字《あざ》」は土地の小区分のことで、今でも地方には「字○○1番地」など字がつく住所があります。中世の時代、多くの武士は、土着したその土地の「名《みょう》」(地名)を「名字」として名乗り始めました。

名字は総領(本家)から総領(本家嫡男)へと伝えられましたが、同じ家でも兄弟など本家から分家した家では、原則、総領(本家)の名字を名乗れません。総領は本家の権威を守るため、分家に同じ名字を許さなかったからです。

分家は、本家から与えられた土地を開墾し、自らの領地として、その開墾地の地名を新たに自分の名字としました。武士の系譜などを見ると、兄弟全員が異なる名字、ということがかなりあります。

この名乗りの名字が、いつしか姓・氏と同じように使われるようになったわけです。これは家紋も同じです。第2章でお話ししたとおり、家紋も本家の紋をそのまま使えなかったため、分家は本家の紋に手を加えて、新しい紋が生まれていったのです。

## ◆「名字」と「苗字」の違いは?

名字が次々と生まれたのは室町時代までと言われています。名字は、新たに開拓・開墾した土地(農地)の地名をつけた、ということをお話ししました。つまり、それには開発できる土地が必要なわけです。

ところが、戦国時代になると全国的に封建制度(武将・領主が土地を管理して臣下に分与して領内の政治を行う制度）が行き渡ったため、新たに開墾してその地名を名字とするような方法や土地もなくなりました。江戸時代も土地は大名のものであったため、勝手に開墾、所有することはできません。

こうして武士たちは、中世のように名字の地とする土地を所有できなくなり、土地に結びついていた名字は、単に先祖代々伝わる家名となったわけです。

このようなことから、江戸時代になると、土地と結びついている「名字」という表現に代わって、「苗字」という文字が用いられるようになりました。というのも、名字はもはや自分の領地の〝名田《みょうでん》の字《あざ》〟ではないからです。

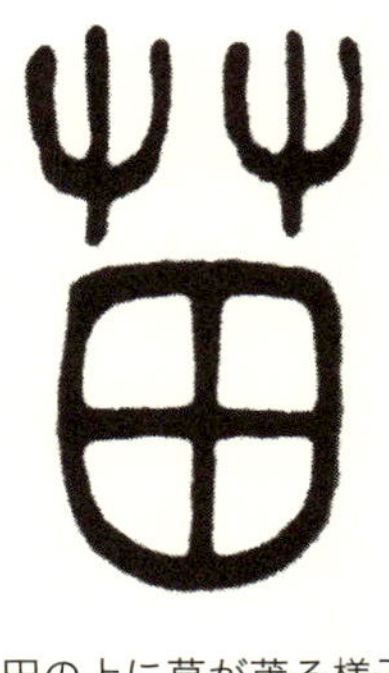

「苗」は田の上に草が茂る様子を表す。

〝苗〟の語源は、文字のとおり田（土地）の上の草を表わしたものです。これは、土の下にある根から地上の草がどんどん生い茂っていく様であり、「同じ種から派生した」という意味を持ちます。そして、「先祖を同じくする子孫」という意味に転じました。

こうして、幕府の出した文書にはすべて「苗字」が使われ、意図的に「名字」は使わなくなります。

幕府は「苗字・帯刀」を武士の象徴として、苗字の〝公称〟を禁止し、百姓・町人はこれを（公には）使えなくなりました。ただ実際には、庶民は苗字を持っていなかったのではなく、〝公に〟名乗れなかっただけで、私の先祖調査でも江戸時代の苗字が書かれた文書を見てきました。

ちなみに、江戸時代には家紋や屋号が流行したのですが、これは苗字が公に使えなかったため、家紋や屋号を使って自家を堂々と主張していたためです。

## 日本の四大姓「源平藤橘」

天皇から貴族や豪族に与えた「姓」は、称号・格を表わした、とお話ししました。

その他にも天皇が「姓」を与えるケースがあります。

その一つが「臣籍降下《しんせきこうか》」のときです。「臣籍降下」とは、皇室から離れて民間人になることをいいます。昔は皇室も子だくさん、人が多ければそれだけ多くの費用がかかり、生活も困難になります。そのため、皇室から多くの皇子などが民間人になりました。

ただ、民間に下る際には、「元は皇族だった」ということがわかるよう、一般庶民と差をつけるため特別な姓を与えました。その代表的な姓が「源」、「平」、「橘」です。

それと、天皇が姓を与えるもう一つのケースは、その者の功績に対して授けるケースです。この代表が「藤原」姓です。

これらの「源氏」「平氏」「藤原氏」「橘氏」の四大姓を総称して「源平藤橘《げんぺいとうきつ》」といい、先祖調査ではとても重要な由緒となります。

## ◉源平藤橘とは？

「源氏」「平氏」「藤原氏」「橘氏」は、日本の族集団の祖をなすといっていいでしょう。一つずつ見ていきたいと思います。

### ◆四大姓①　源姓（源氏）

「源」は、第52代嵯峨天皇（大同4（809）年即位）が皇子を臣籍に降下分家させる際に与えた姓です。「汝の源は朕に発する」という意が由来だといわれています。

嵯峨天皇は50人もの子だくさんで、配偶者は記録にあるだけで29人。皇室の維持費も大変で、32人の子に源姓を与えて独立を促しました。嵯峨天皇以降の天皇も臣籍に降下分家する者に源姓を与えたので、すべて挙げると18流あるといわれています。

この中では、源頼朝を出した「清和源氏」（第56代清和天皇が与えた源姓）が最も有名です。他に、「宇多源氏」（第59代宇多天皇が与えた）、「村上源氏」（第62代村上天皇が与えた）などがあります。

源氏は、多くの家に分かれて各地で勢力を張りました。そして地方への移住をきっかけに、その領地の地名をとった名字がどんどん生まれていきました。

◎源氏系統から出た名字の代表例

**嵯峨源氏…** **渡辺、松浦、阿倍　など**
**清和源氏…** **浅野、池田、新井、石川、村上、小野、岡田、安田、新田、松平、得川、細川、佐竹、武田、二宮、土井、堀口、大山、高田、小笠原　など**
**宇多源氏…** **大原、庭田、綾小路　など**
**村上源氏…** **岩倉、植松、堀川、大河内、坂内　など**

### ◆四大姓②　平姓（平氏）

「平家に非ざれば人に非ず」と発した平氏。平姓は、天長2（825）年、第50代桓武天皇の第3皇子「葛原親王《かつらはらしんのう》」の臣籍への降下分家が始まりです。のちに「桓武平氏」と呼ばれるようになりました。平姓は「平安京の創始者の桓武天皇の末裔である」、「平安遷都」に由来するといわれています。

寛平元（889）年、葛原親王次男「高見王」の子「高望王《たかもちおう》」が平朝臣の姓を賜って臣籍に降り、上総介《かずさのすけ》として関東に赴いてから、平氏は関東で力を拡大します。この高望王が、「平忠盛・清盛」の武家平家の祖にあたる人物です。高望王のような関東下向は、藤原氏の進出で都での高い官職が望めなくなった皇族たちにとっては、都の下級官僚よりも地方で尊敬される名士になる道でした。

平姓の系統からも数多くの名字が生まれています。

◎平氏系統から出た名字の代表例

**桓武平氏…北条、市川、大庭（場）、織田、小早川、相馬、熊谷、三浦、石井、石川、和田、千葉、葛西、和田、埴生　など　※石井は藤原系もあり**

### ◆四大姓③　橘姓（橘氏）

第43代の女帝、元明天皇（707年即位）が、県犬養東人《あがたいぬがいのあずまびと》の娘、三千代が側近に奉仕した功労をねぎらい、酒盃に橘《たちばな》の花を浮かべて、「橘は果物の王、その枝は霜雪を恐れず繁茂し、葉は寒暑を凌いでも凋《しぼ》まず。しかも光は珠玉と争い、色は金銀と交わりて益々美しい。故に橘を氏とせよ」の言葉とともに賜りました。

以来、この女性は橘宿禰三千代《たちばなのすくねみちよ》と呼ばれるようになりました。三千代亡き後、三千代の子の葛城王《かずらきのおおきみ》に対し、「橘は果物の王である。金色に輝き、宝珠のごとく美しい。まるでお前のお袋とよく似ている。これからは橘と名乗りなさい」とあり、葛城王は母の栄誉を記念するために臣下にくだって橘姓を賜りました。

立花、椿、楠木などの名字はこの系統です。

### ◆四大姓④　藤原姓（藤原氏）

藤原姓は、他の三姓（源、平、橘）と異なり、皇室の臣籍降下ではありません。祭祀を司っていた中臣という氏族の「中臣鎌足」が、大化の改新で功績をあげた褒美として、天智8（669）年、第38代天智天皇（668年即位）から大和国高市郡の「藤原の里」を賜り、藤原の姓を名乗るようになりました。

藤原氏は、天皇の外戚の地位を固めてから、皇族との縁組を果敢に図って権力の中枢に肉薄。摂政・関白となって公家藤原氏として栄えました。摂政とは、天皇が幼い場合に、代わって政治を全面的に取り仕切る者で、関白は、天皇成人後のアドバイザー的な役割です。

藤原氏の流れをひく武士のうち「藤原氏郷《ふじわらのうじさと》」と「藤原利仁」の二つの流れが日本全国に拡がり、両系統から多くの名字（家）が生まれています。この藤原氏も、現在に至る多くの名字の祖となりました。

◎両系統から出た名字の代表例

**氏郷流……佐藤、後藤、近藤、尾藤、武藤、内藤、進藤、須藤、藤岡　など**

**利仁流……斎藤、加藤、後藤、進藤　など**

**地名由来…遠藤（遠江）、須藤（那須）、伊藤（伊勢・伊豆）、信藤（信濃）　など**

〝藤〟のつく名字は３００を超えるほどあります。たくさんの〝地名＋藤原〟の名字が生まれましたが、西日本では藤原姓が少なかったため、藤原という名字をそのまま使っている傾向があります。兵庫県、岡山県、島根県では名字ベスト10に「藤原」が入っています。

次の写真は、戦国時代、九州（豊後・豊前・筑後・筑前）を制した大名、大友氏の家臣、堀氏の墓です。「堀長門守藤原朝臣宗栄」と書かれています（「朝」と「臣」は合体されて一文字になっている）。

この長い名前を分解すると次のようになります。

大名、大友氏の家臣、堀氏の墓
（※許可を得て掲載しています）

| | | |
|---|---|---|
| 名字 | 堀 | 一族の名前（家名） |
| 通称 | 長門守 | 呼び名 |
| 姓 | 藤原 | 本来の姓、大元の家系（祖先） |
| 氏（姓） | 朝臣 | 氏の属性、一族（氏）の称号 |
| 諱《いみな》 | 宗栄 | 実名、俗名、法名 |

通称は「長門守」という国名を名乗っています。国名通称は、ある程度実態に即して名乗ることと言われていますが、実際はそうとは言えません。その者が治めた土地や生まれた地とは関係なく、親や主君から名づけられたり、名乗りたかったから名乗っていたもの

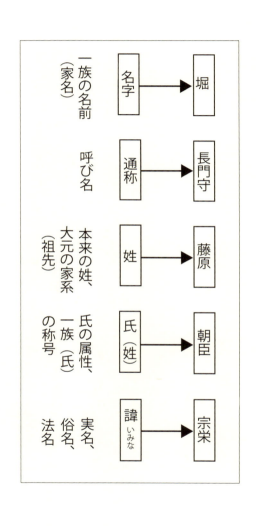

です。

国名通称は、仕えている殿（家臣）や集団の中では重複しないようになっていますが、同じ通称を名乗る武士は、同時期の日本には相当数いました。「藤原朝臣」というのは、由緒正しい家柄であるという、この家の主張の表れです。

あなたの先祖に「藤原朝臣」や「源朝臣」、「平朝臣」などの名があれば、このような意味合いがあります。つまり、祖先は天皇から賜った姓をもつ由緒があった、ということです（もちろん、それが正確かどうかはケースバイケースです）。

ちなみに、織田信長や徳川家康の名は、次のようになります。

**◇織田　三郎　　平　朝臣　信長**

**◇徳川　次郎三郎　源　朝臣　家康**

「三郎」や「次郎三郎」などの通称や、「信長」「家康」などの諱は、時代とともに変わり、諱は、「幼名→元服改名→法名」に変えている時代です。

ちなみに、徳川氏のルーツである松平氏の先祖は藤原氏です。徳川家康は「自分の由緒は源氏だ」と系図をねつ造したことで有名です。源平交代説とか、源氏でなければ征夷大将軍になれないとか、このような理由で改姓したといわれています。

先祖調査で、先の堀家の例のような長い名前を見た場合は、このように分解して見ると意味合いがわかると思います。

## 名字の大移動

平安時代以降、中央の教養や技術を持った清和源氏などの人々が、地方の小領主を指導して大がかりな農地開発をするようになりました。そして、四大姓のところでお話しした通り、清和源氏、桓武平氏などは多くの家に分かれ、各地に移住し、それぞれの領地の地名を名字につけました。


ここで日本列島を眺めてみましょう。日本の地形を見て何か感じませんか？

日本列島は75パーセントが森林や山丘に覆われていますから、山が多いのは一目瞭然ですね。

ではもう一つ。地図を見て、広大な関東平野に目がいきませんか。

関東平野は日本一広い平野で、その面積は約1万7000平方キロメートル。日本の国土の約5パーセント、日本の平野部だけに限ると約18パーセントを占めています。

何を言いたいかというと「関東には開拓する土地（領地）がたくさんあった」ということです。つまり関東には、武士やその家臣が「移住したり」「分家したり」「主君に貰ったり」して、新たな土地を開拓してはその地名（名）を名字にする、それができる土地がたくさんあった、ということです。

そのため、関東では名字がどんどん生まれ、増えていきました。関東武士には清和源氏や桓武平氏の流れをひく有力な武士が多かったのですが、それは、所領地にできる土地（農

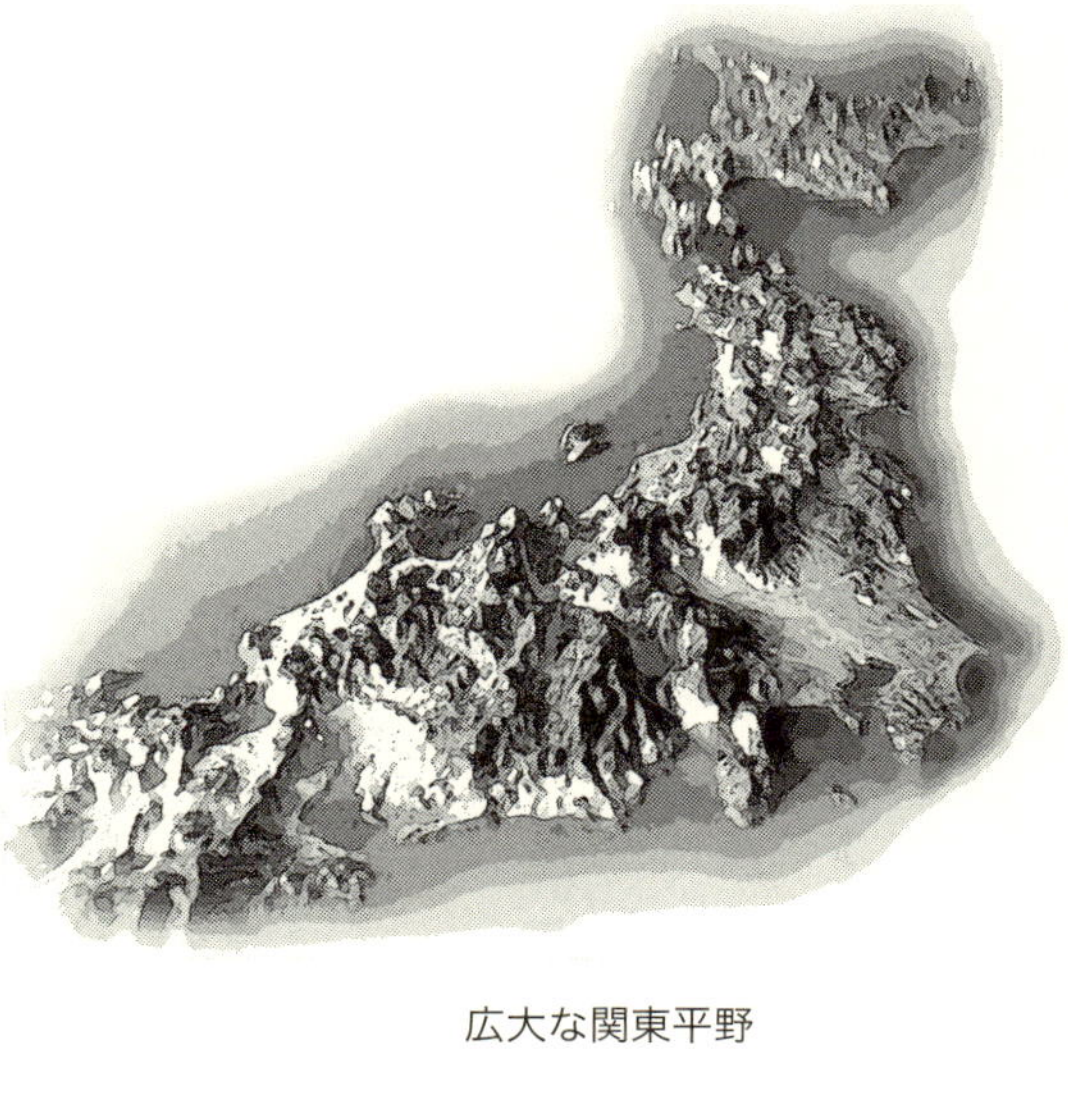

広大な関東平野

地）がたくさんあったからでした。

平安時代末期から鎌倉～南北朝時代に、武蔵国を根拠にして活躍した7つの同族的武士団を、俗に「武蔵七党」といいます。この武蔵七党を構成する武士たちが領地の地名を名字にし、これが日本の名字の起源となったとする専門家もいます。

なぜなら、大勢の関東武士＝関東の名字が、全国に拡がる歴史的出来事が起こったからです。「名字の大移動」ともいえる出来事です。

## ◉源平合戦後の名字の大移動

元暦2（1185）年壇ノ浦の戦いで平氏一門は滅亡しました。勝利した源頼朝は、関東の有力な武士（「武蔵七党」といわれる同族武士団）を諸国の守護に任命し、関東武士は、守護として大勢の家臣団を引き連れて各地に移住しました。

移動した武士は、その移住先の地で同族団の所領を拡大し、勢力を拡大したのです。例えば、九州の戦国武将、大友氏はその一人です。

建久7（1196）年、源頼朝の命を請け、相模国（神奈川県）の大友能直《おおともよしなお》が豊前豊後の守護と鎮西奉行を兼務し、将士千八百余騎を率いて豊後国（大分県）に入国しました。大友氏は、以後二十二代、約四百年の間、治世を続けますが、大友氏と一緒に移動した家臣団もその家族を増やしていきます。大分県の姓に、佐藤、工藤、斎藤、高橋、鈴木などの東日本に多い名字が見られるのは、鎌倉武士の移住が多かったためです。

## ◉承久の乱後の名字の大移動

承久3（1221）年に、鎌倉幕府と朝廷（後鳥羽上皇）の間で全面戦争がありました。これを承久の乱といいます。

第2代執権、北条義時は鎌倉武士団をまとめ、上皇軍を打ち破ります。鎌倉幕府が勝利したことによって、恩賞をもらった関東の中流武士が、地方に目覚ましく進出、移住した武士及びその一統は、その地の原野を開発して、さらに所領を拡大していきました。

## ◉武士独自の考えによる移住

関東の武士団の中には、頼朝の指令ではなく、独自の考えで勢力を拡大する者も現れます。関東でこれ以上新たに所領にする土地を得るのは難しい、と考えた武士たちは、西国や東北地方に新天地を求めました。

各地に移住した武士たちは、分割相続で多くの家に分かれ、武士たちは自らの考えで名字を作り、さらに名字を自由に変えてもいきました。

## 鎌倉時代以降の「名字の歴史」

鎌倉時代の名字は所領を表わすものであった。
名字は武士の特権であった。

↓

何度かの関東武士（名字）の大移動があった。

↓

室町時代になると、名字の地名と所領との関わりが薄れ、名字は単なる符号となった。
幕府は個々の所領を把握できなくなる。

↓

切り離された名字は、父子で継承されていく出自を表わす古代の姓に近いものとなる。

↓

名字は庶民の間にも広まる（室町時代、庶民に名字を禁ずる政策がとられたが効果はなかった）。

↓

戦国の動乱期、より良い働き場を求めて牢人の移動がしきりに行われた。
安土桃山時代には、大名の廃絶により牢人の全国的移動がさらに盛んになる。

↓

関ヶ原の戦いで勝った東国武士は、西国に恩賞を得る（※武士（名字）の移動）。

↓

江戸幕府ができた時点では、武士と農民との間の身分関係や名字のあり方は大混乱に陥っていた。

↓

江戸時代　身分制度（士農工商、切捨御免）、名字→苗字、農民町人などに苗字使用禁止令。

↓

明治時代　戸籍制度確立、苗字必称義務令。新たな名字が創作される。

また、小領主は村落の支配権を維持するため、農民に自家と同じ名字や文字を与えて、自分の味方としていったのです。

こうして見ると、広大な関東平野がもたらした社会的役割は大きかったといえます。なぜこのような名字の移動の話をしたかというと、江戸時代を超えて中世まで先祖を遡っていく中で、祖先の発祥の地が、戸籍でたどった最古の本籍地とはまったく違う場合があるからです。江戸時代に先祖が住んでいた場所も、もっとたどると実は関東で、関東発祥の武士であったりします。さらにその上は天皇家にいきつくこともあるわけです。名字の歴史を時系列でまとめると、前頁の図のようになります。

## なぜ名字は二文字が多いのか？

日本人の約8割は、二文字の名字を持ちます。これは、名字の約8割が地名からつけられている、つまり地名が二文字である、ということが理由です。

また、名字ではない下の名前も、約7割の人は二文字だといわれています。

では、なぜ二文字が多いのでしょうか。

それは、和銅6（713）年に、橘姓のところでも出てきた第43代元明天皇が「畿内七道諸国の群・郷は〝好字《こうじ》〟を用いよ」と発したことに起因します。「畿内」とは「五畿」のことで、山城・大和・河内・和泉・摂津の畿内5か国のことといいます。また「七道」は、東海道・東山道・北陸道・山陰道・山陽道・南海道・西海道をいいます。

また、平安時代に編纂された律令の施行細則の延喜式には「諸国の郷里の名は二文字とし、必ず〝嘉名《よきな》〟を取れ」とあります。

この〝好字〟も〝嘉名〟も、それまで万葉仮名で表していた地名を、「漢字二文字の体裁と縁起のよい名に整理するように」という意を表しています。これは、中国の瑞祥思想の影響によるもので、瑞祥とは「めでたいことが起こる」という前兆、吉兆のことをいいます。

このような理由から、まず地名が二文字に改められました。例を挙げてみると、「明日香→飛鳥」「无邪志→武蔵」「泉・以都三→和泉」「加萬太→蒲田」「佐伊太末→埼玉」「加止志加→葛飾」「下→志茂」「中→那賀」といった感じです。

そして、この地名二文字の流れが人名にも反映されて定着し、名字も二文字が多くなりました。さらには下の名も、男女とも二文字が多くなったのです。

# 名字の由来を知る

明治になってから新たな名字を作った人はいますが、多くの家には元々名字がありました。名字の由来を体系化すると、概ね次のようになります。

◇**古来からある名字（その末裔や別流など）**

源、平、橘、蘇我、物部などと、その末裔や別流。

山内、武藤、明智、河内、坂東、真田、土肥、秩父、千葉、三浦、佐原、和田、土屋、村上、渡辺、大矢、秦野、荻野、清水など。

◇**藤原姓（藤原氏由来の名字）**

佐藤、伊藤、加藤、斎藤、後藤、近藤、遠藤など。

◇**渡来姓（大陸や半島からの渡来人からもたらされた名字）**

秦、大秦、漢、文など。

◇**特別な由来ある姓（主君から功を称えられ授かった名字）**

浅野、松平、島津など。

◇**地名姓（字名などの地名に由来する名字）**

日本全国の地名の数は約1000万。名字の80~85パーセントは現在の日本の地名に対応しています。

◇**自然地形姓（地形や土地の様子に由来する名字、用水源の泉からくる井に関係する名字）**

山、丘（岡）、川（河）、海、島（嶋）、田、畑（畠）、井、野、木、林、森など。

植物では、松、杉が最も多く、これに桜（櫻）、栗、椎、楢などが続きます。

塚（地面が盛り上がっている場所）や窪（下がっている場所）を表す名字、石まじりの土地（ソネという）からついた名字や、食糧や物産による名字などがあります。

◇**方位姓（方位や位置関係に由来する名字）**

「東・西・南・北」や「上・中・下」「左・右」「中（心）」「前・後」などの字が含まれる名字（これらを組み合わせて作られた）。

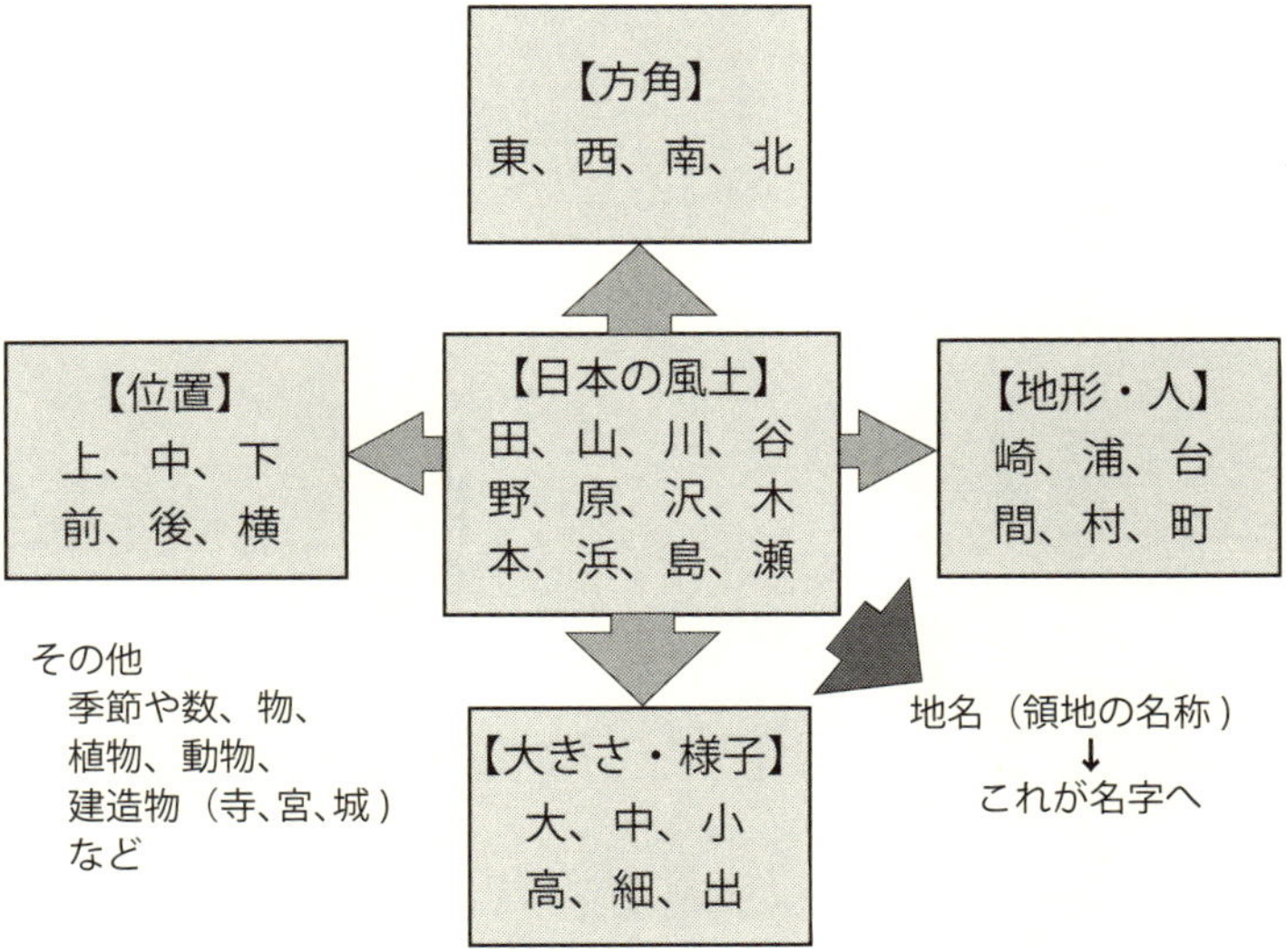


**◇職業姓（職業に由来する名字。屋号をつけたもの）**

犬養（犬を養う仕事）、庄司（荘園を管理する仕事）など。

塩谷（塩屋）、油谷（油屋）、高砂（屋）、堺屋など。

**◇僧侶・神族・神官姓（僧侶が仏教用語などからつけた名字や寺社に関係する名字）**

仏教を背景にもつ名字には、釈、無着、寺家、寺中、岡寺、東寺、小野寺、下寺など。

神官、神族を背景にもつ名字には、大神、尾形（尾方）、緒方、大野、茅野（出雲神族）など。

あなたの名字は、この中のいずれかの分類にあてはまりませんか？

## 明治期以降の名字について

幕末、複名や変名は無秩序に行われ、脱藩・浪人など、人の確定的実在性の把握は難しいものでした。例えば、歴史上の有名人物の例を見ると、次の通りです。

**◇松野他三郎、瓜虫万二《かのうち》、瓜生万二《うりゅう》**

**→吉田松陰（長州藩士、思想家、教育者）**

**◇西郷三助、菊池源吾、大島三右衛門、大島吉之助**

**→西郷隆盛（薩摩藩士、軍人、政治家）**

**◇谷潜蔵、谷梅之助、紅谷兵衛、備後屋助一郎、三谷和助、祝部太郎、宍戸刑馬、西浦松助**

**↓高杉晋作（長州藩士、奇兵隊）**
**◇島崎藤太、島崎勇、大久保剛、大久保大和、近藤内蔵之助、近田勇平**
**↓近藤勇（新撰組局長）**

明治政府は「中央主権国家の成立・富国強兵」を目指し、「徴税」「徴兵」「教育」などの必要から、すべての国民一人ひとりを「戸（家）」において把握する必要がありました。そこで、明治5年に戸籍法が施行されるのですが、これに前後して、名字に関わる様々な動きがありました。その歴史を次頁からの表にまとめておきましょう。

表にあるとおり、明治8年2月に「平民もかならず苗字を称し、不詳の者は新たにつけるべし」との命令（必称義務）が出たわけです。

第1章で見たとおり、明治初期の日本の人口は約3300万人です。江戸時代以前の文献に出てくる名字は1万種余りにすぎないと言われています。明治初年に、名字を名乗ることができた家は全国民の6パーセント（諸説あり）、人数にするとわずか200万人です。名字を名乗れなかった人は3100万人いたことになります。つまり90パーセント以上の人が、戸籍制定のときに何らかの名字を役所に届け出たわけです。

新しく名字をつけた人のつけ方としては、次のような方法が取られました（132頁へ）。

## 明治初期の名字に関する動き

| 年月日 | 事　柄 |
|---|---|
| 明治2（1869）年4月 | 薩摩藩士で初代文部大臣となる森有礼《もりありのり》が『通称を廃止して貴賤上下を問わずすべて実名を用いるべき』と公議所に建議。<br>→明治2年4月27日に可決。 |
| 明治3（1870）年9月19日 | 『平民苗字公称許容令』が布告。正式名『自今平民苗氏被差許候事』との太政官布告。<br>→これにより平民も自由に名字を公称できるようになった。 |
| 明治3（1870）年11月19日 | 『国名・旧官名使用禁止令』（太政官布告第845号）。<br>→名前に国名（例えば但馬守や阿波守）や旧官名（衛門や兵衛）を用いることが禁止された。ただし、この規定を積極的に守ろうという役所と、そうでない役所があり、政府の意思は統一されなかった。 |
| 明治4（1871）年4月4日 | 全国統一の『戸籍法』が制定（大政官布告第170号）。 |
| 明治5（1872）年2月1日 | 『戸籍法』施行、俗にいう「壬申戸籍」の開始。<br>→国民すべてを「戸」（家）において把握するもの。 |
| | |

| | |
|---|---|
| 明治5(1872)年5月7日 | 『複名禁止令』(太政官布告第147号)。<br>↓『通称・実名のうち、どちらかを名とすべき』との布告。個人を厳格に特定するためのもの。 |
| 明治5(1872)年8月24日 | 『改名禁止令』(太政官布告第235号)。<br>↓名字と名前、屋号の改称が禁止。これも個人を特定するため。 |
| 明治8(1875)年2月13日 | 『平民苗字必称令』(太政官布告第22号)。<br>↓明治3年の許容令では名字をつけない人が大勢いた。なぜなら名字がなくても生活に困らないから。百姓は代々の「平兵衛」などの通称でいいし、町人も「三河屋」などの屋号で不自由がなかった。代々名乗ってきた名称には愛着があったからである。しかしこれでは政府の思惑からずれていたため、名字公称を全国民の〝義務〟とした。 |
| 明治9(1876)年3月17日 | 『妻の氏は「夫婦異姓」、わが国古来の慣行に従うこと。』という太政官指令が出された。つまり妻は夫の「家」を相続しない限り「所生の氏(※生まれた家の名字)」を称すべき、つまり夫婦別姓という古来からの原則の確定である。この原則は明治31年の民法施行まで行われた。<br>↓しかし地方の多くから疑問視する声があがり、夫婦異性か同姓かの賛否は割れた。 |

**◇かつての姓氏がわかっていた者は、復姓した。**

**◇祖先の（古代の）氏や名字を調べて、それに決めた。**

**◇職業、屋号からつけた。屋号をそのまま名字とした（例：高田屋→高田、中野屋→中野、塩屋→塩谷）。**

**◇発祥地や地所に関係ある名前をつけた。**

◎土地名からつけた。

◎山、川、木などの自然から連想してつけた（山のふもと→山本、栗の木がある→栗本、その周りに住む→栗林・栗田など）。

◎語呂を組み合わせてつけた（信濃→仕名野）。

**◇ゆかり、あやかりで著名な姓などを用いた。**

◎名主や庄屋につけてもらった。

◎名士から一文字譲ってもらった。

**◇記念や曰《いわ》くによって新しい姓を作った。**

**◇佳姓・佳字を用いた。**

**◇名家の名字を勝手につけた。**

この『平民苗字必称令』によって、名字のあり方はでたらめになったともいわれています。

ここで、いくつかの戸籍の届出のパターンを見てみましょう。

| 名字・屋号 | 通称 | 実名 |
|---|---|---|
| 石田 | 市右衛門 | 則行 |
| 井上 | 備後守 | 吉三郎 |
| 森 | 太郎左衛門 | 信行 |
| 塩屋 | 甚兵衛 | 亀吉 |
| （不詳） | 藤九郎 | |
| 齋藤 | （なし） | 二郎 |

↓

| 戸籍記載名 | 解説 |
|---|---|
| 石田 則行 | 名字＋実名、通称の右衛門は使用不可 |
| 井上 吉三郎 | 名字＋実名、通称の国名は使用不可 |
| 森井 信行 | 名字を好字の2文字とした、通称の左衛門は使用不可 |
| 塩谷 甚平 | 屋号の文字を変えて名字に、兵衛は使用不可で文字変更 |
| 松木 藤九郎 | 名字を新たにつけた、近くに大きな松の木があった |
| 斉藤 二郎 | 「齋」が面倒なので簡単な「斉」を書いて届け出た |

最後の「斉藤」の例のように、届出の際に、本人、代理人、役所担当者の書き間違いや聞き間違い、書き癖（不要なところに点をつける、はねる、線の長さを変えるなど）、届出を頼まれた人が役場に行く途中で忘れてしまったり等々で漢字が変わってしまい、それが正式な届出の名となったケースは少なくありません。

明治時代の届け出は、結構いい加減な面があったことは事実のようです。

# 名前の歴史

## ◉下の名前からわかること

名字だけでなく、〝下の名前〟も先祖調査の重要なキーとなります。検地帳など、江戸時代の村の文書の多くは、名前しか書かれていません。

農民などの庶民は、実名ではなく通称（家の代表名）を書いていることがほとんどです。江戸時代の村の単位は、現在の市区町村と違って非常に狭い範囲でした。そのため、例えば「藤九郎」という名（通称）をもつ当主は、村には一人しかいません。通称は家の代表名であり、いわば家名のようなものだったのです。

先祖調査では、この点は助かります。なぜなら、あなたの先祖代々の名（通称）が「藤九郎」だとわかれば、古文書に「藤九郎」という名前が出てきたらそれがあなたの先祖だからです。古文書が書かれた年に、先祖の「藤九郎」さんがいたことに他ならないからです。そのためにも、先祖の下の名前を知る必要があります。

運がよければ、戸籍でわかった最古の名前が、何代か続いていることがあります。それが（家の）通称です。

また、お寺（江戸時代の菩提寺）や本家に残る過去帳や位牌、稀にお墓に書かれている文字から、名前をつかむ

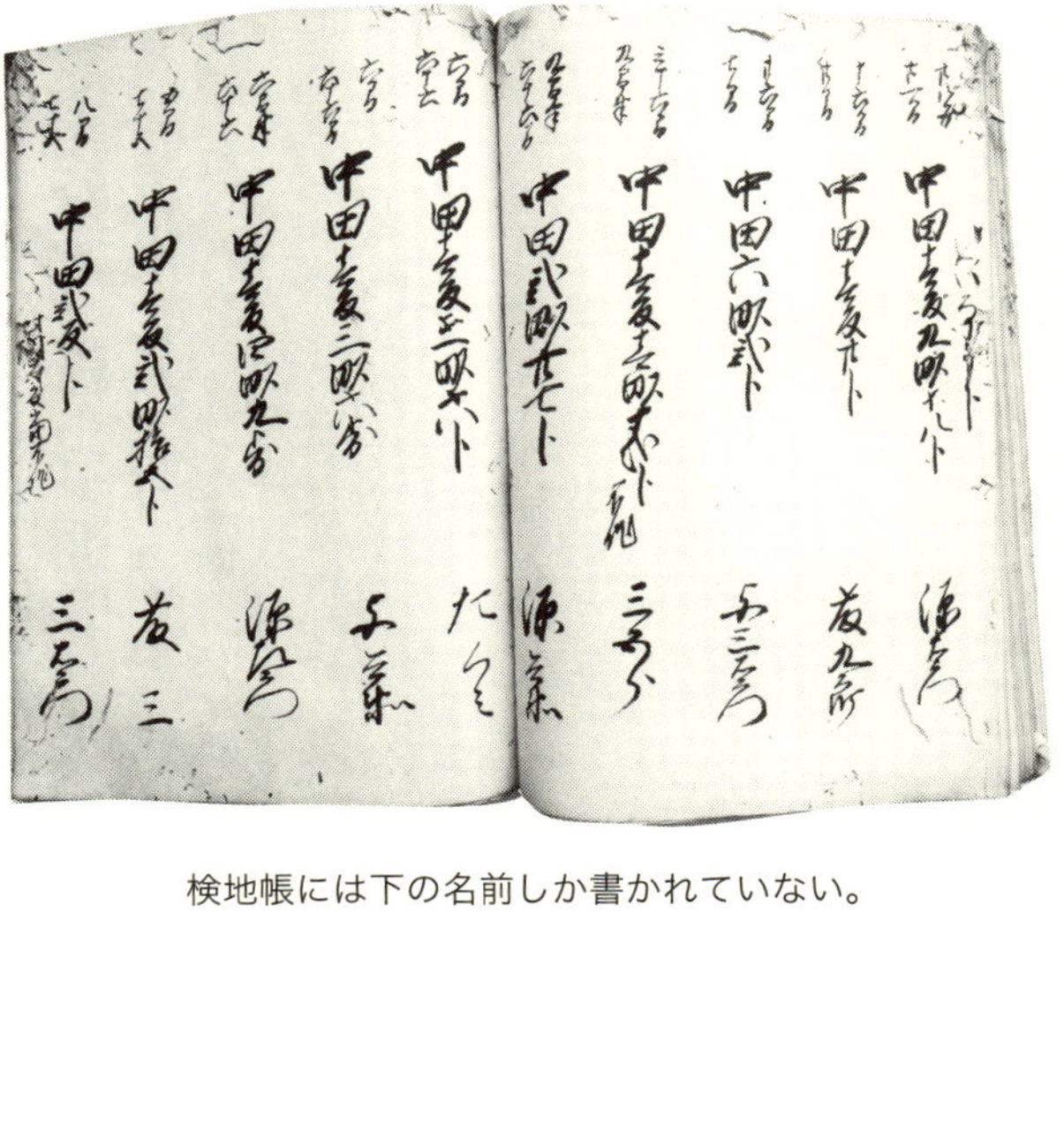

検地帳には下の名前しか書かれていない。

ことができます。寺によってまちまちですが、過去帳には、戒名（法名）、命日、亡くなったときの年齢、字（住居地）、名前（俗名、実名）、女性や子どもであれば戸主との間柄（例えば、藤九郎母、藤九郎妻、藤九郎子、藤九郎孫など）が書かれています。

女性の名が書かれないのは、中世以降、女性は公的な領域から排除されていて、大人になっても子ども同様、社会的には一人前としての扱いを受けていなかったからです。

注意する点は、藤九郎という通称を代々継承している場合、何人もの藤九郎が登場します。そのため、先祖を一人ずつ時間軸の表に書き出して、年代のつながりを把握することが必要です。

過去帳に亡くなった年齢が書いてあれば、逆算して生まれた年がわかりますが、わからない場合は60年間生きたと仮定し、子の誕生を25歳頃のときと推定して、先祖のつながりを考察します。時間軸に並べて書いてみると、前の代の没年と次の代の生年が重ならないとか、年齢的に矛盾するなどがわかり、その間にもう一代いたのではないか、など推測ができます。

それと、昔は〝音〟で認識されることが多かったので、正式には「利兵衛」という名が、「利兵エ」「利ヘイ」「利平」と書かれていることがあります。また、「次助」という人が「次介」「治助」と書かれていたり、「平左衛門」という名が「平左エ門」「平左衞門」と書かれていたりします。また、「二郎」などの「郎」はよく「良」と書かれています。

漢字の違いにはこだわらず音で見ていくことです。同様のことは名字にも言えます。

## ◉家代々の通称と通字

次に、「○兵衛」や「○衛門」などの、官途名や国名の「通称」についてお話ししましょう。

現在では、「徳川家康」というような呼び方をしますが、当時はそんな呼び方はしませんでした。名前を「名字＋実名」としたのは明治になってからです。

古代から貴人や死者を本名で呼ぶことを避ける習慣があったことから、諱《いみな》(忌み名)は、口に出すことがはばかられることの意味が転じて、人の実名を指す言葉になりました。「名は体を表す」と言われるように、名は実体そのものでした。他人に本名を知られることは魂を与えることと同じに考えられたからです。

諱で呼びかけることは親や主君などのみに許され、それ以外の人が諱で呼びかけることは極めて無礼であると考えられました。そのため、江戸時代までは実名を知られるのをはばかって、通称が使われたのです。

通称の名づけは、だいたい次の4タイプに分類されます

| | | |
|---|---|---|
| 1 | 姓型 | 四大姓（源平藤橘）に当たる漢字を含んだもので、源蔵、平治、藤次郎といった名。朝廷の官職名を取り入れた名。 |
| 2 | 官途名《かんどな》型 | 都市や村落において元服ののち成人したものは、「兵衛型」「衛門型」などの官途名を名乗ることが慣行の一つとされた。官途名は家に付属して固定化した。<br>例えば、源兵衛、平兵衛、市右衛門、吉左衛門など。 |
| 3 | 童名型 | これは子ども時代に名乗った童名が成人年齢に達しても改名されずに、そのままだったもの。例えば、松丸や亀吉など。 |
| 4 | その他 | 数字名（排行名という）が代表例。例えば、一郎、三郎、太郎二郎、弥三郎、藤九郎など。 |

私は古文書（村の文書）をよく見ますが、庶民の名で最も多いのが「兵衛」や「衛門」などの官途名がついた名です。これには理由があります。

前述の通り、「兵衛」の元となった「兵衛府」とは、宮中の警備・巡検や行幸の護衛などの官職のことで、「衛門」の元となった「衛門府」は、衛士を率いて宮門の警衛と開閉などを管掌する官職でした。つまりどちらも、護衛官という強いイメージがあります。

このような理由から、家を守るため、強い者という意味を含む「兵衛」や「衛門」が好んで使われました。

江戸時代の庶民は、名字を名乗れなかったため、通称や屋号で家名を主張しました。通称は家々で代襲し、一つの村で同じ通称を持つ者はいません。通称は一人の当主、つまり一つの家です。当主名が重複しないのは、家の識別のためです。

あなたの先祖が「平右衛門」という名（通称）だった場合、郷土史や村の古文書に「平右衛門」という名があれば、それは基本的にあなたの先祖のことです。

もう一つ、名前で重要なのが通字《とおりじ》です。通字とは、その家で名前に授ける一文字のことです。この一文字が、一族の間における共通の文字となりました。

例えば、源氏は「義」「朝」「頼」を、平氏は「盛」「忠」を通字として用いましたし、織田家は「信」、徳川家は「家」、井伊家は「直」で有名です。

これは武将だけでなく、庶民の家でもありますし、親の一文字を子につける習慣は今でもあります。

私は、これまで多くの家の通字を見てきました。これは先祖を追う際のキーワードの一つです。

戸籍で最古の名前まで遡った際に、通称がわからなくても、江戸から明治にかけて、何人かが同じ文字を使っていることがあります。もしかしたらそれが通字ではないかと考えることは、戸籍の先を調べるための情報の一つとなります。

このように、通称と通字は必ず押さえるべきポイントなのです。

## ◉時代による名づけ、名前の変化

現代では、語呂合わせのような、以前の感覚とは違った珍しい名づけが流行っています。その時代の人々の「下の名前」が時代を映し出していることは、多くの人も知っていると思います。

例えば、大正元年の男子名の上位は「正一」「清」「正雄」「正」「茂」、女子名は「芳子」「久子」「文子」「清子」「千代子」などであり、昭和2年では「昭二」「昭」「和夫」「清」「昭一」と「和子」「昭子」「久子」「照子」「幸子」となります。また戦時中の男子名は軍国調となり、「勝」「進」「勇」「勲」「武」という字が使われます。

ところが平成になると一変し、男子名は「大輝」「翔」「海斗」「陸」、女子名は「愛」「彩」「愛美」「千尋」「麻衣」といった、イメージ、印象を重視する名前になります。

名前の流行は時代とともに移り変わり、多種多様です。

子の名づけ、命名には、次のような由来があったとしても、親をはじめとする「名づけ」主の想いが込められています。

**◇姓名判断の本の影響を受けたもの**
**◇芸能人や偉人などの好きな人物から取ったもの**
**◇音や響きの良さから付けたもの**
**◇好きな言葉に当て字のように漢字を当てたもの**

現代における名前は個人固有のもので、特別な理由がない限り一生変わることはありません。しかし昔は、名前が個人の人格と結びつくものではなく、家や村といった共同体のメンバーシップを表わす、家や村の分類のための「標識」として機能していました。

「この村で仁左衛門といえばウチ（家）のこと」というように、父親の名（＝家名）を長男が代々襲名するケースに表れています。長男は、父の名を襲名する前には別の名（いわゆる実名、幼名）がありました。襲名しても実名が消えるわけではありません。

例えば、「(木村）駒吉」という長男が代々の名「仁左衛門」を襲名しても、正式には「(木村）仁左衛門駒吉」となります。さらに「ウチの祖先は武士で源氏系だ」とあれば、正式の名は「木村仁左衛門源朝臣駒吉」のようになるわけです。

また、人の成長や身分が上がっていく中での儀礼を経るたびに、名前を変えていた村もあります。

幼少時代の幼名（童名）

↓

「烏帽子成り《えぼしな》」によって若衆となったときに名乗る成人名。「烏帽子成り」とは、村の宮座（氏神の神事を行う氏子の一部で組織された祭祀《さいし》集団）のメンバーに加入する儀式であり、今でいう成人式。

↓

「官途成り《かんとな》」と呼ばれる儀式を済ませて、老衆《おとなしゅう》の仲間入りをした者が名乗る官途名。

↓

「入道成り《にゅうどうな》」を遂げて剃髪し、出家した人の法名。

法名は仏門に入り頭を丸めた者が用いる名ですが、「入道成り」の儀式を経て、日常生活を続けたまま法名を名乗ることもありました。中世から戦国時代になると、若衆の台頭や隠居制度の広まりなどを背景に、老人の社会的地位が低下するとともに法名の権威も低下して、法名の割合はだんだんと減ります。今では、法名（戒名）は亡くなってからつけるのが一般的です。

そういう意味では、現在の私たちも一度は「改名」していることになります。

また昔は、状況や環境に応じて、名前を使い分けていました。

例えば、公式書類に署名したり、公的な儀式に参加したりする際には、正式な名前（先の例で言うと「木村仁左衛門駒吉」や「木村仁左衛門源朝臣駒吉」）を用いたのに対して、村の中における日常生活の場面では、成人名と官途名に代表される通称（先の例でいう「仁左衛門」）や、法名（例えば「宗久」など）を名乗っていました。

## ◉魔除けの名前があった

豊臣秀吉の最初の子（のちの鶴松）は、生まれたときに「棄《すて》（捨）」と名づけられました。

また、二人目の子（のちの秀頼）の幼名は「拾丸《ひろいまる》」です。

成長に従って名前が変わる、とお話ししましたが、幼名には特に辟邪名《へきじゃめい》といわれる故意に汚い名前がつけられたのです。それは、幼児を死やその他の邪《よこしま》な存在から隠したり、悪霊を退散させる俗信に基づくもので、いわゆる魔除けの名前です。乳幼児の死亡率が高い時代、〝生きる・死ぬ〟は神頼みの要素が強い時代でした。

秀吉の一人目の子「棄（捨）」は、悪魔や鬼神に捨てたと思わせる意図があり、二人目の子「拾丸」は、拾った子どものように見せかけて悪魔や鬼神を騙そうという意図がこめられています。

その他には、便器の〝おまる〟から、「麿」「麻呂」「丸」という文字（名）が付けられましたが、これは汚れた名をつけて、悪魔や鬼神を寄せ付けない意味がありました。

あなたの先祖の名にこのような文字（例えば「拾一」や「摩子」など）を見つけたら、名前に込められた親の願いを考えてみてください。

## ◉一郎ではなく三郎が重要だった理由は？

長男は一郎や太郎、二男は二郎（次郎、治郎）、三男は三郎…。このように、年齢の序列、順番を表わす名を排行名といいました。

では排行名のなかで、一番重要だと思われてきた名前は何だと思いますか？　嫡男の長男が家督相続するから、やはり「一郎」や「太郎」だと思うかもしれません。いいえ違います、それは「三郎」なのです。歴史的に見ても「三郎」が圧倒的に使われている名前です。

例えば、真田幸村の名で有名な真田信繁は「源二郎（源次郎）」という通称で呼ばれていましたが、これは二男だからです。しかし、長男の真田信幸は「源三郎」です。先の徳川家康や織田信長の例（117頁）でも通称は「三郎」です。

その理由は、三郎は〝三番目に生まれた子〟というよりも、「三」という文字に〝天・地・人〟を表わす、〝大きさや多さ〟という意味が込められているからです。『老子』には、「道は一を生じ、一は二を生じ、三は万物を生じる」と記されます。

今も「三」という数字は、不思議な力を持つ印象を与えます。プレゼンテーションなどで何かを例示する場合は、三つが最適だといわれます。「三」はバランスが良く、据わりが良い数字です。

先祖を調べていく中で「三」がつく名前を見つけ、それが三番目の子ではない場合は、「大きな器の人物になって欲しい」という親の気持ちが込められているのだと思います。

さて、次章からいよいよ先祖調査の具体的なお話に入りますが、ここまでの姓氏や名字、名前についての知識を知っておくだけで、調査の過程で出てくる先祖の名や、人名からの調査への当たりのつけ方が、より深まると思います。

第4章

# 先祖調査は戸籍集めから

# 先祖調査のスタートは戸籍集め

さあ、ここからは先祖調査の方法についてお話しします。ここまでにお話しした名字や名前についての情報を頭に置いて進めると良いでしょう。

まず、先祖調査の大まかな流れを押さえておきます。


調査に入る前に、まずどの系統の先祖を調べるかを決めます。

第1章の「先祖の数」のところで見たように、例えば、高祖父母まで遡ると16の系統（○○家）があります。先祖調査は、一つの系統だけでも大変な作業です。父の父系統だとか母の父親の系統だとか、どの系統（家）を調べるかを決めます。調査する系統（家）を決めたら、その直系の戸籍をすべて集めていきます。


先祖調査は、大きく2つのステップに分かれます。「戸籍を集めてたどる」ステップと「戸籍を超えてたどる」ステップです。

戸籍集めの最大の目的は、「最古の本籍地」と「最古の名前」を知ることです。最古の本籍地が先祖調査を行う場所となり、そのキーワードが名前です。

## 先祖調査の進め方

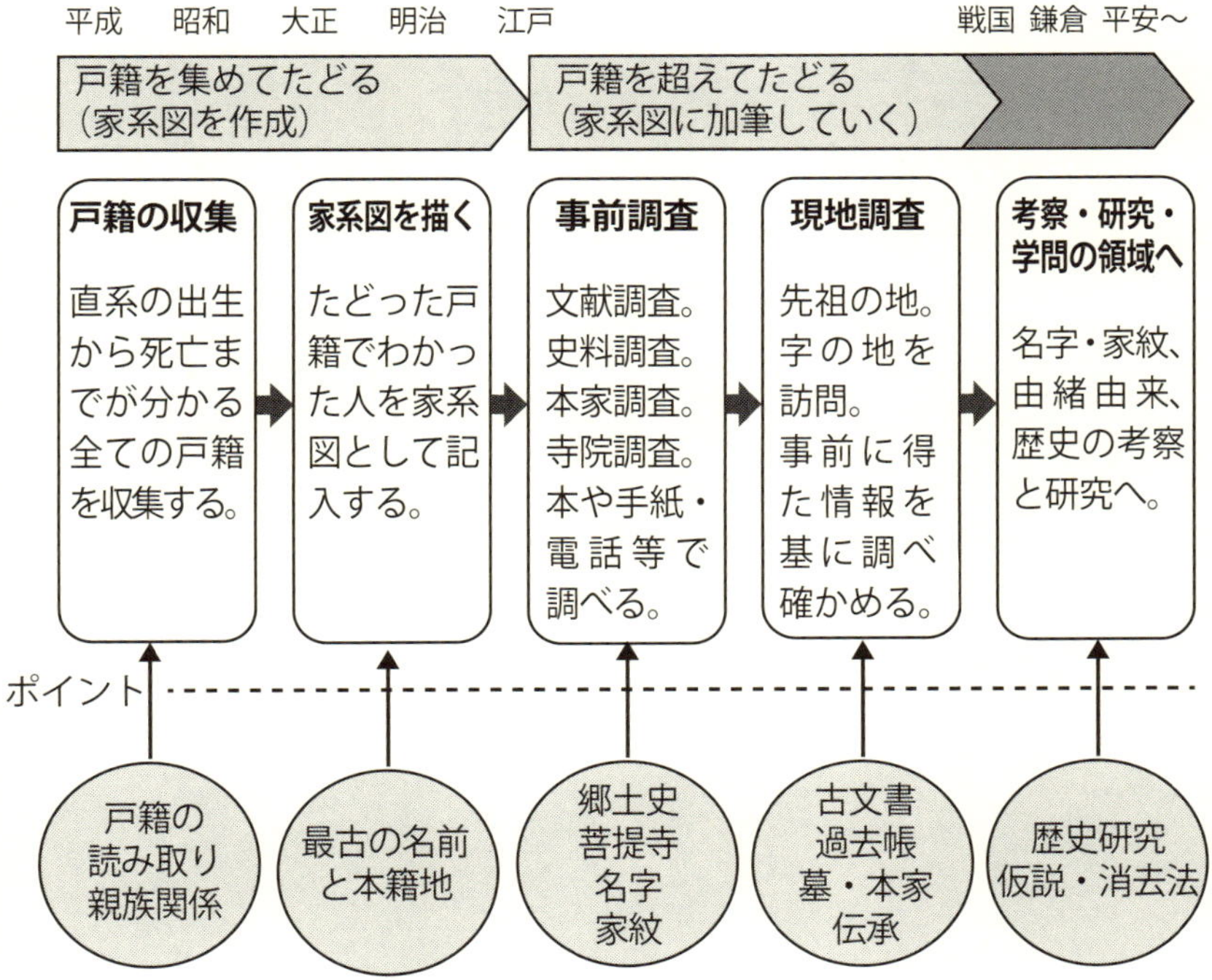
平成
昭和
大正
明治
江戸
戦国 鎌倉 平安～
戸籍を集めてたどる
（家系図を作成）
戸籍を超えてたどる
（家系図に加筆していく）
戸籍の収集
直系の出生から死亡までが分かる全ての戸籍を収集する。
家系図を描く
たどった戸籍でわかった人を家系図として記入する。
事前調査
文献調査。史料調査。本家調査。寺院調査。本や手紙・電話等で調べる。
現地調査
先祖の地。字の地を訪問。事前に得た情報を基に調べ確かめる。
考察・研究・学問の領域へ
名字・家紋、由緒由来、歴史の考察と研究へ。
ポイント
戸籍の読み取り親族関係
最古の名前と本籍地
郷土史
菩提寺
名字
家紋
古文書
過去帳
墓・本家
伝承
歴史研究
仮説・消去法

戸籍をたどっていくと、本家や分家、名前（兄弟姉妹）の他、たくさんの情報がわかります。後ほど説明しますが、先祖地に今も住んでいる同姓は、古い戸籍に出ている人の末裔（遠戚）の可能性があります。

この章では、第1ステップの「戸籍集め」についてお話しします。

## 戸籍の歴史を知る

戸籍の「戸」は、家族や親族の集団を意味していて、戸籍制度とは、その「戸」の単位で国民を登録するしくみのことをいいます。戸籍は明治以降何度か「改製」されてきました。「改製」というのは、戸籍が作りかえられることをいいます。

戸籍の歴史・変遷を見てみましょう。

日本で最初の、完備した全国的戸籍は「庚午年籍《こうごねんじゃく》」というものです。この戸籍は、氏姓を正す根本台帳として永久保存のはずでしたが、残念ながら現存していません。

江戸時代にはキリシタン弾圧のための「宗門人別帳」が作られ、戸籍の役割を果たしました（古文書の詳細は第2章参照）。明治以降は左図のとおり、6種類の戸籍（書式）が

## 戸籍の歴史・変遷

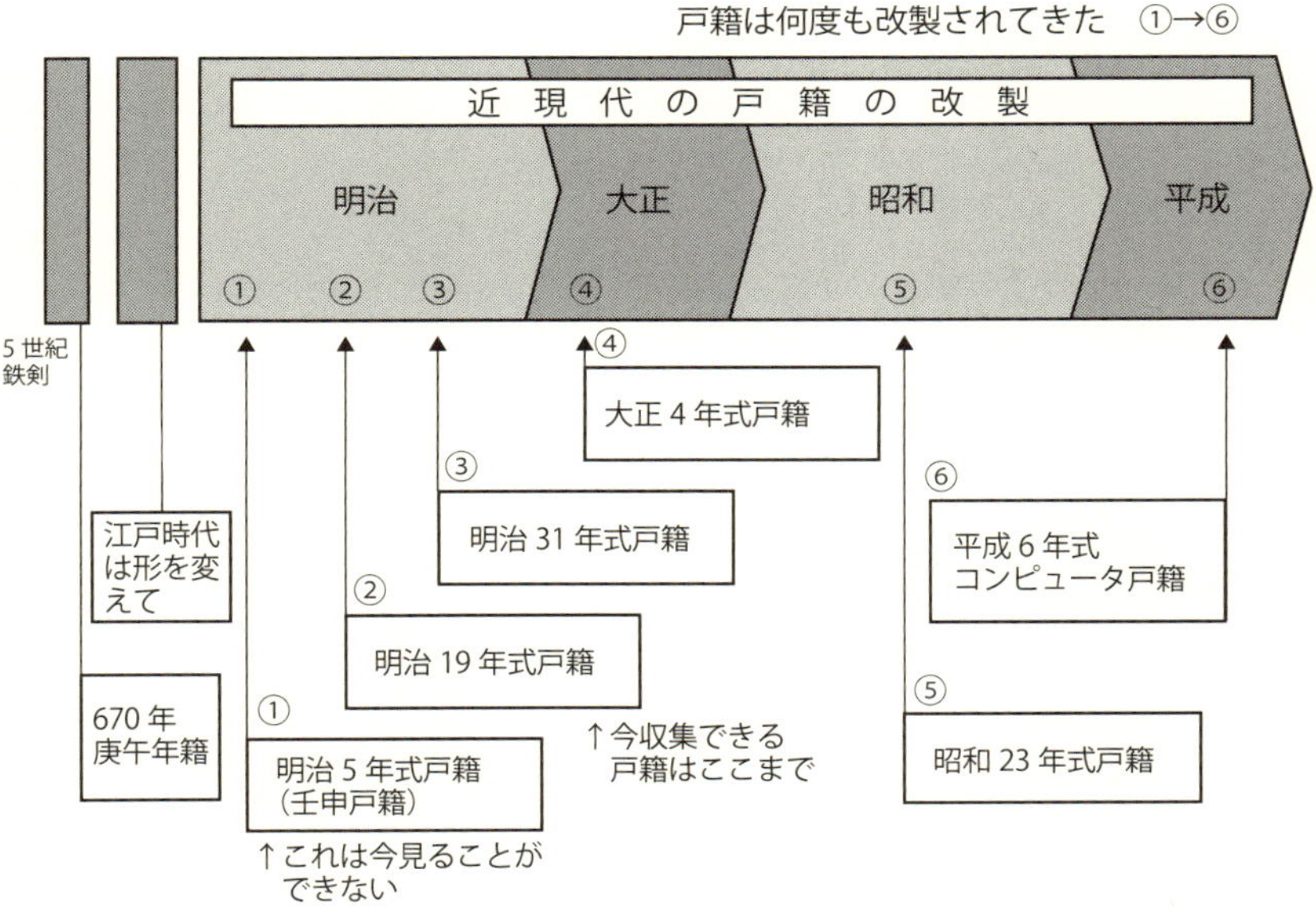
戸籍は何度も改製されてきた　①→⑥
近現代の戸籍の改製
明治
大正
昭和
平成
①
②
③
④
⑤
⑥
5世紀
鉄剣
江戸時代
は形を変
えて
670年
庚午年籍
① 明治5年式戸籍
（壬申戸籍）
↑これは今見ることが
できない
② 明治19年式戸籍
↑今収集できる
戸籍はここまで
③ 明治31年式戸籍
④ 大正4年式戸籍
⑤ 昭和23年式戸籍
⑥ 平成6年式
コンピュータ戸籍

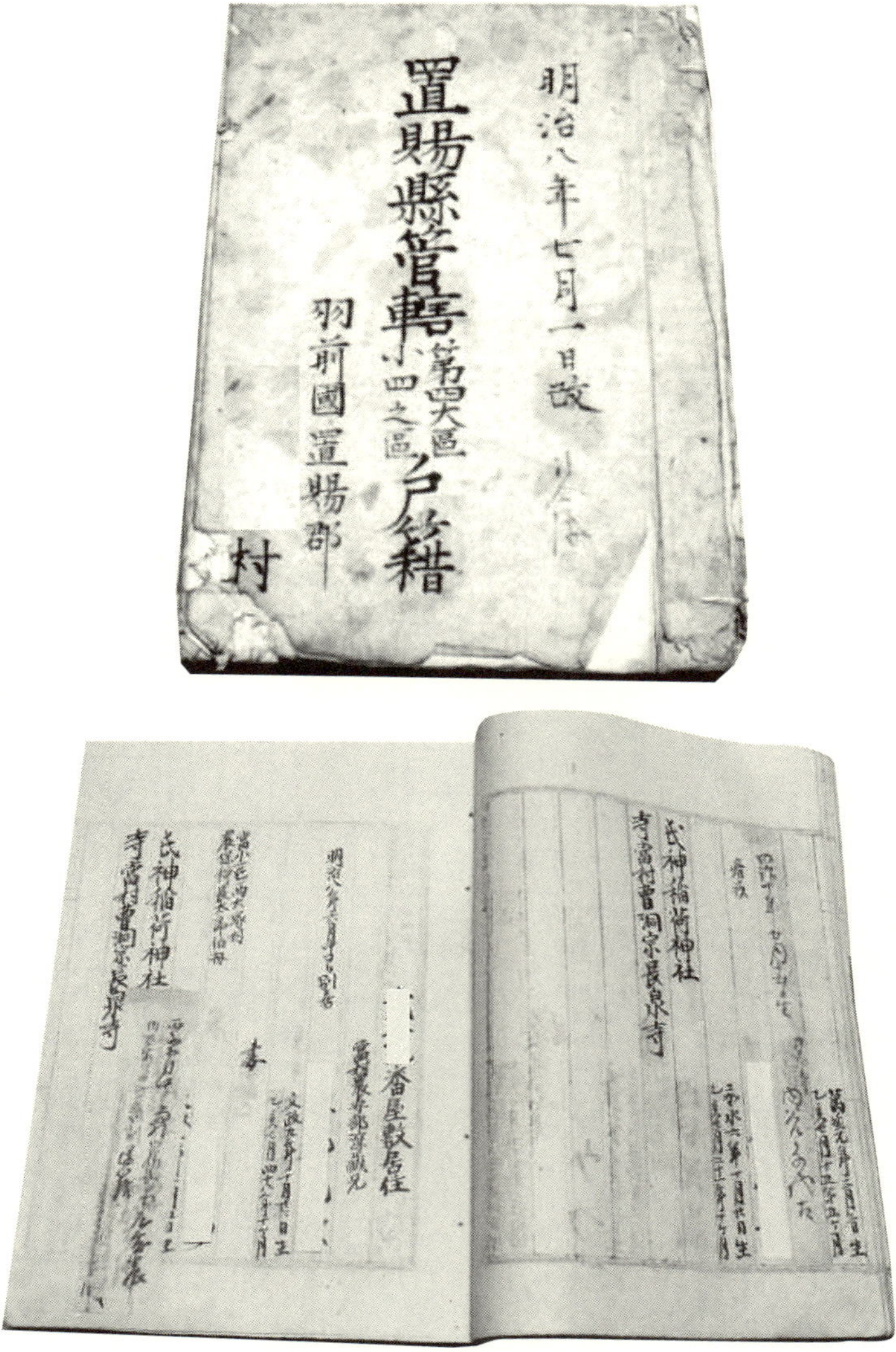


明治５年式戸籍（壬申戸籍）

作られました。現在の戸籍は、平成6年法務省令第5号により、戸籍事務の電算化（コンピュータ化）が認められたことに伴うA4タテ型、ヨコ書の戸籍です。

年式ごとに書式が改められた理由はそれぞれですが、先祖調査においては書式の違いを気にする必要はありません。

ただ一つ、今では見ることができない「明治5年式戸籍」についてだけ説明します。日本で初めて本格的な戸籍制度が開始されたのがこの明治5年式戸籍で、一般に「壬申戸籍《じんしんこせき》」といいます。士族平民の別、士族であれば禄高や農工商雑なら職業、氏神と旦那寺ほか個人情報が記載されました。

これが身元調査等にも使われたことで、差別問題を生むこととなり、昭和43年の通達により各地方法務局に封印保管され非公開となりました。

壬申戸籍以降は、明治19年の戸籍から平成のコンピュータ化された戸籍まで至ります。

現在、集めることができる最も古い戸籍は、明治19年式の戸籍です。この戸籍は身分事項欄が一人あたり4列しかない書式です。戸籍をたどっていって、この4列式戸籍が手元に届いたら、それが現在手に入る最も古い戸籍だということを知っておいてください。

そこに書かれている戸主やその父、祖父の名が最古の名前であり、記載されている本籍地が江戸から明治にかけて住んでいた場所（最古の住所）になります。

下の戸籍の例でいうと、最古の本籍地は「岡山県北條郡～（現津山市）」であり、最古の名前は「〇〇宇八」です。

見方としては、戸主の「傳太郎」の父が「熊五郎」で、祖父が「宇八」です。続柄は戸主から見たものです。従って「宇八―（二男）熊五郎―（長男）傳太郎」という系図になります。

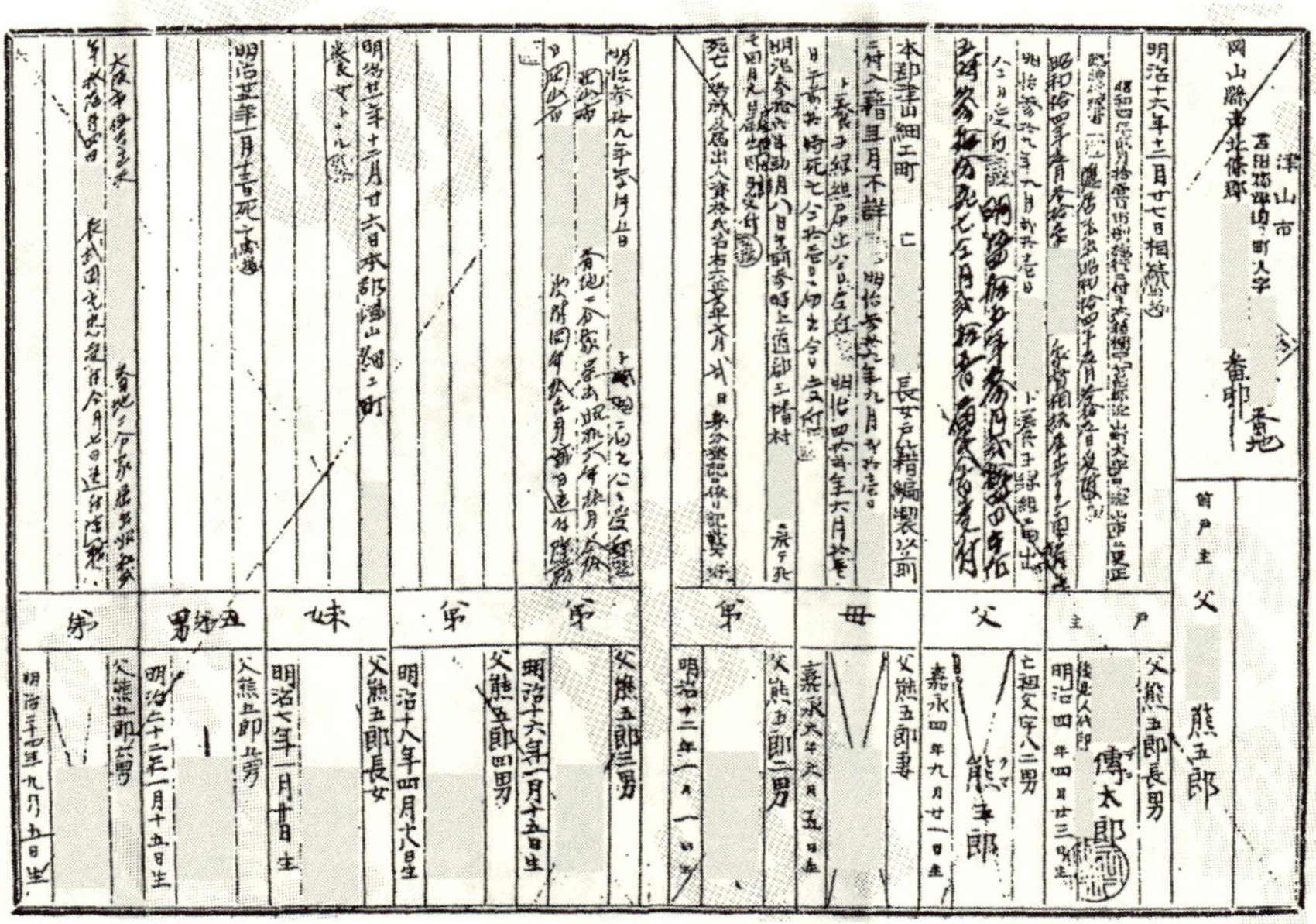
岡山縣北條郡
前戸主 父 熊五郎
戸主 父熊五郎長男 明治四年四月廿三日生 傳太郎
父 亡祖父宇八二男 嘉永四年九月廿一日生 熊五郎
母 父熊五郎妻 嘉永六年六月五日生
弟 父熊五郎二男
弟 父熊五郎三男 明治十六年一月十五日生
弟 父熊五郎四男 明治十八年四月六日生
妹 父熊五郎長女
五男 父熊五郎五男 明治二十二年一月十五日生
弟

明治 19 年式戸籍

# 戸籍謄本、除籍謄本、改製原戸籍謄本とは？

戸籍の交付申請用紙には、「戸籍謄本」「除籍謄本」「原戸籍謄本」といった種類が記載されています。先祖調査では、必ずすべての〝謄本〟を集めます。

## ◉戸籍謄本

現在使われている通常の戸籍（現戸籍）のことです。普通、〝戸籍〟といえばこれを指します。今は「全部事項証明」ともいいます。なお、戸籍抄本とは、その戸籍の中の一部の者だけが記載されている戸籍をいい、今は「個人事項証明」ともいいます。

## ◉除籍謄本

一つの単位の戸籍に記載されている人が除籍や死亡、転籍などによって、その戸籍から誰もいなくなった状態のものを「除籍謄本」といいます。

名前は書かれていますが、実際はその本籍には誰もいないという、いわば「戸籍の抜けがら」です。死亡や婚姻で転籍した人には〝×印〟あるいは〝／印〟が書かれています。

なお、2018年4月時点での除籍簿（除籍となってからの）の保存期間は150年ですが、平成22（2010）年5月までは保存期間が80年だったため、既に戸籍が廃棄されている役所は結構あります。こうなると、明治19年の戸籍さえも手に入りません。この場合は、取得できた中で一番古い戸籍の最古の名前・本籍地を元にして、調査を始めることになります。

## ◉改製原戸籍謄本

戸籍の変遷で見たとおり、明治以降、何度か戸籍法と戸籍が作り変えられてきました。新しく戸籍が作り変えられた際の従前の古い様式の戸籍のことを「(改製)原戸籍」と呼びます。

例えば、昭和23年式戸籍から転記して平成6年式戸籍に作りかえられると、昭和23年式の戸籍は「原戸籍」となります。そのとき、本籍地に生存している人は両方の戸籍に名前が載ります。

戸籍を集める際、戸籍の種類について神経質になる必要はありません。

「除籍、原戸籍を含め、自分の直系尊属のすべての戸籍」を集めるのです。わからないことは、役所の戸籍係に聞けば、親切に教えてくれるはずです。

改製原戸籍

平成六年法務省令第五一号附則第二条第一項による改製につき平成拾九年拾壱月参日消除

| 本籍 | 東京都北区王子本町○丁目○○番地 |
|---|---|
| 氏名 | 佐藤 ○○ |

## 戸籍謄本の集め方

次に、戸籍の集め方についてお話ししましょう。

### ◉戸籍の収集手順について

戸籍には、本籍、筆頭者（戸主）、家族の名前、生年月日、死亡年月日、転籍してきた場合は転籍元の本籍地と筆頭者など、身分に関する様々な情報が記載されています。

戸籍を集める上で、押さえる最重要情報は、次の2つです。

**◇その戸籍謄本に記載されている直系尊属（自分の父母、祖父母、曾祖父母、高祖父母……）の名前**

**◇その戸籍から判明した最も上の世代の直系尊属がその戸籍に入る前にどの戸籍に記載されていたか（「従前戸籍」という）**

戸籍謄本の記載から、直系尊属の名前や、その他の身分事項を正確に読み取っていき、さらに上の（古い）戸籍をたどっていく、という過程を繰り返します。これが戸籍による先祖調査の基本手順です。

その戸籍に記載している直系の最も上の世代の先祖が、前あるいは別の戸籍から移ってきている場合（転籍）は、戸籍のどこかに必ず従前戸籍の本籍地と筆頭者（戸主）の記載があります。

その従前の戸籍の本籍地（の役所）に対して、その筆頭者（戸主）と直系の戸籍を請求していきます。従前戸籍がどこにあり（本籍地）、誰の戸籍か（筆頭者）、を把握すること

## 家系図作成のための戸籍収集手順

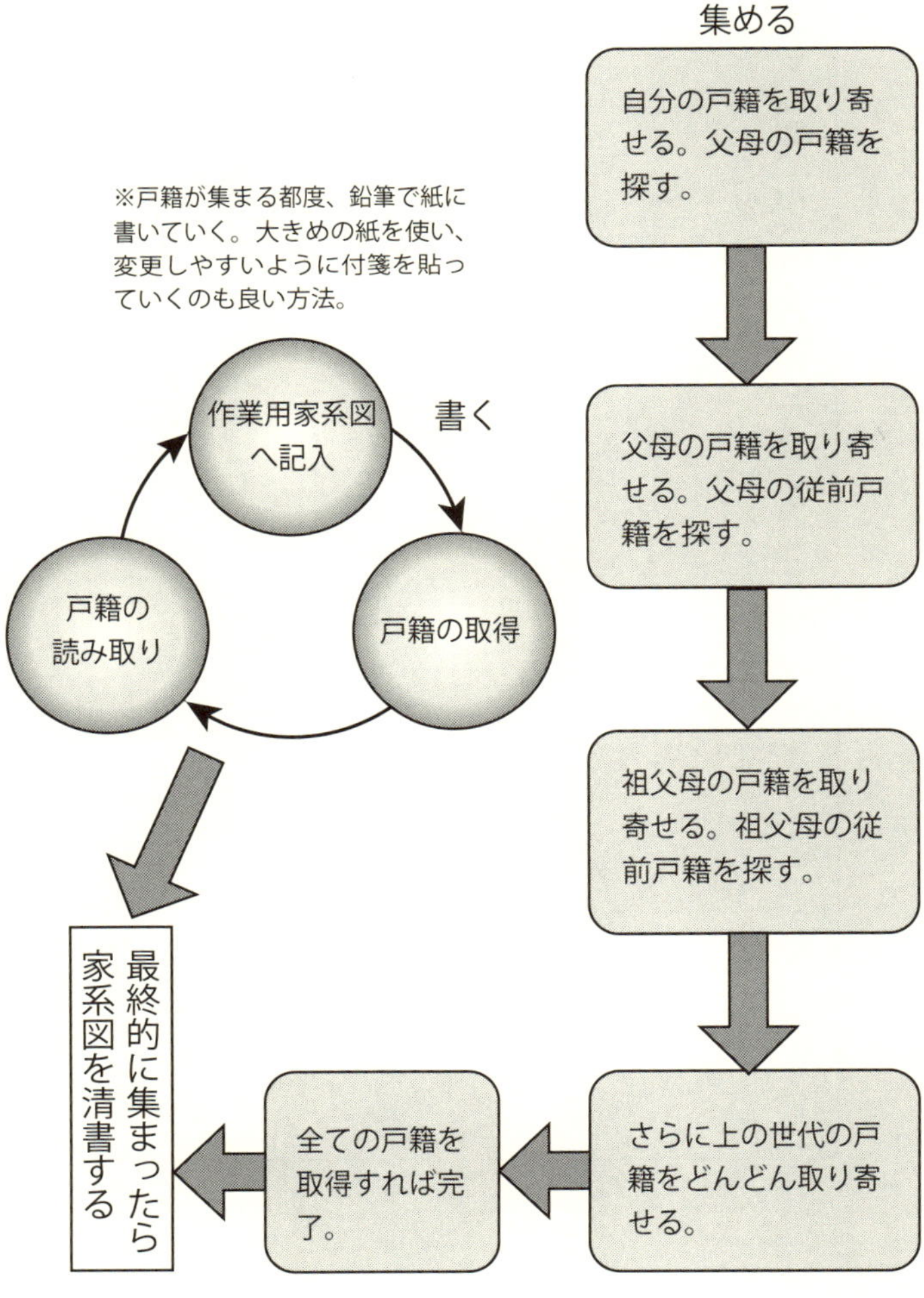

## 〈補足〉親族の区分について

| | |
|---|---|
| 血族 | 血縁によってつながっている親族関係のこと。 |
| 姻族 | 婚姻によって生じる配偶者の一方から見た、他方の血族の関係をいう。 |
| 親族 | 血縁関係もしくは婚姻関係においてつながりを有する者。 |
| 親等 | 親族関係の遠近を示す等級をいう。 |
| 直系 | 起点となる人から見て、親子関係を中心に上下に展開されていく系図を指す。父母、祖父母、曾祖父母など。 |
| 傍系 | 直系以外の親族すべてをいう。 |
| 尊属 | 起点となる人から見て、親族関係の上の世代にあたる血族をいう。直系尊属、傍系尊属という言い方をする。 |
| 卑属 | 起点となる人から見て、親族関係の下の世代にあたる血族をいう。直系卑属、傍系卑属という言い方をする。 |

が肝心です。これは見落としてはいけません。

もしよくわからなければ、戸籍を発行した役所に電話して、手に持っている戸籍を伝えて（本籍地と戸主の名、あるいは戸籍の欄外に記載されている番号など）、「これより古い戸籍はありませんか？」と聞けば、転籍元が書かれている箇所や請求先について教えてくれると思います。

また、名前や生年月日、身分事項欄は、役所の担当者のクセ字や文字のかすれ、斜線との重なり、さらに変体仮名や旧字などがあって、読みにくい、見えにくい場合があります。その場合も、電話などで戸籍担当の人に聞けば調べて教えてくれます。漏らさず読み取ることが重要です。

もし戸籍についてご自身で詳しく知りたい場合は、戸籍の見方を説明した本がたくさん出ているので参考にしてみてください。

## ◉戸籍について知っておきたいこと

戸籍に書かれていることが先祖をたどるための最適な情報ですが、次の点を頭の片隅に置いておいてください。

◇戸籍は、記載ミスや記載漏れが意外によくある。
◇届け出る際に名前や続柄などを間違えていた、と思われることがある。
◇届出期間を守っていなかったため、日付のつじつまが合わないことがある。
◇当時の先祖があえて違う申告をすることもある。

私は、戸籍の記載が必ずしも事実を反映しているとはいえないことがあると感じています。意図的に事実を伏せて届出したようなケースもあります。よく見受けられるのは、ごく近い親戚内での子の出生です。しかし、家系を証明する上で、戸籍以上の信頼度を誇る資料は現在のところありません。集めた戸籍をどう扱うかはご自身の判断となります。

また、役所での保管期間経過による廃棄のほか、戦争、災害などで失われてしまったケースがあります。このような場合は、郷土史、公図や地籍図など、様々な方法で探していかなければなりません。

最後は、戸籍を請求できる範囲、権限の問題です。戸籍は誰の戸籍でも自由に請求できるわけではありません。戸籍を請求できる人の範囲には、法律上一定の制限があることを知っておいてください（左図）。

# 親族関係図

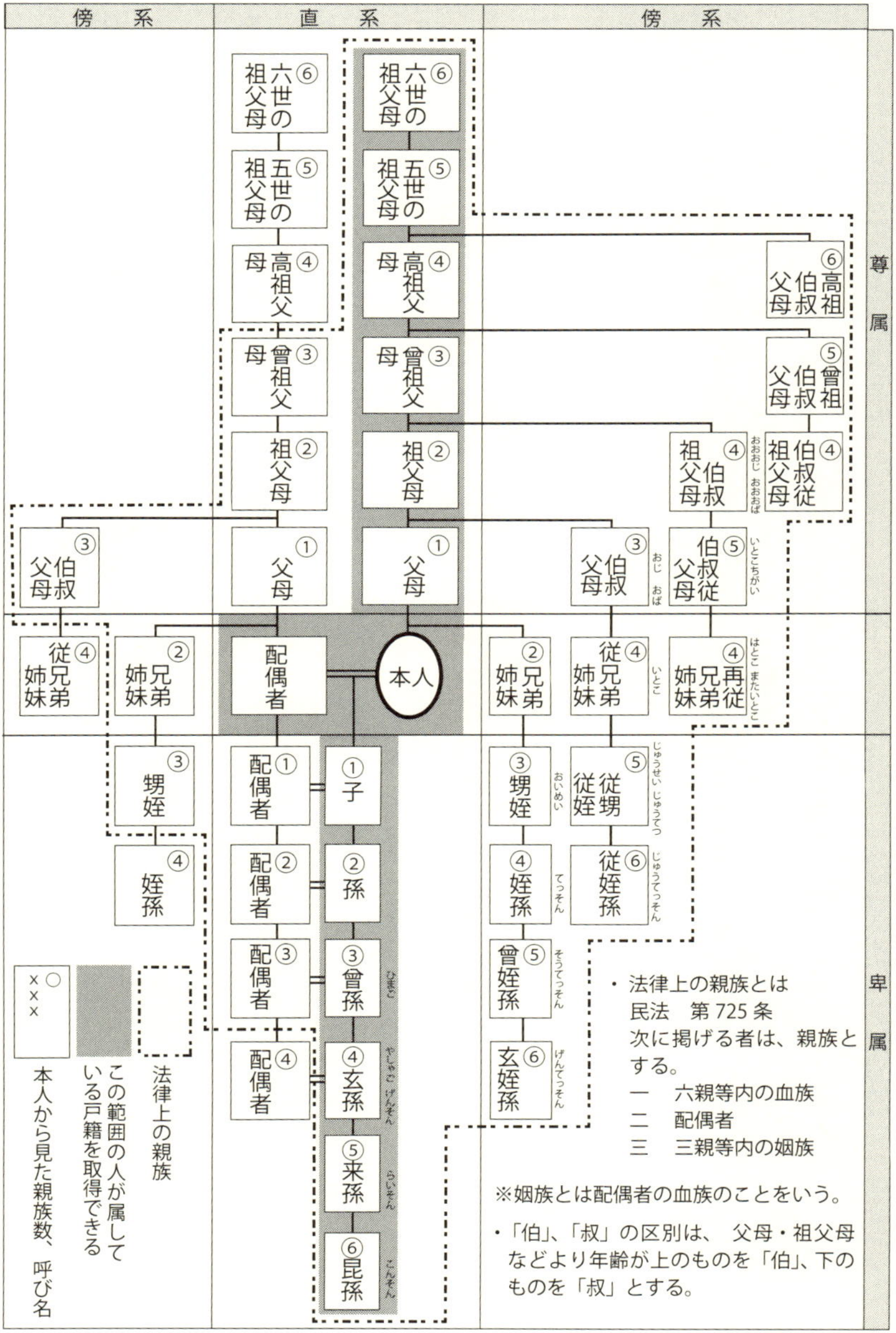


・法律上の親族とは

民法　第725条

次に掲げる者は、親族とする。

一　六親等内の血族

二　配偶者

三　三親等内の姻族

※姻族とは配偶者の血族のことをいう。

・「伯」、「叔」の区別は、父母・祖父母などより年齢が上のものを「伯」、下のものを「叔」とする。

## 具体的な戸籍の請求方法

戸籍は、取得したい戸籍を管理する市区町村（役所・役場）に請求します。請求方法は、「窓口での申請」と「郵送による申請」があり、本籍地が遠方にある場合や役所に行けない場合は「郵送による申請」をします。

以下は、郵送での戸籍請求に必要なものです。

### ①戸籍事項証明書等請求書（名称や形式は、役所によって異なる）

役所のホームページからダウンロードできますが、インターネット環境がない場合は、地元の役所にある戸籍請求書を使っても構いません。左上の宛先を変えれば大丈夫です。

請求書を書く際は、以下の点を注意します。

**◇請求する戸籍の、筆頭者の生年月日が不明の場合はブランクで構わない。**

**◇戸籍、除籍、原戸籍、すべての謄本を請求する。**

**◇戸籍請求の理由欄には、「自家の家系図作成のため、直系尊属全ての出生から死亡日**

## 戸籍謄抄本等交付請求書の例（新潟市ホームページより）

### 戸籍謄抄本等交付請求書〔郵便請求用〕

（あて先） 新潟市区長　　　　平成 30 年 6 月 15 日

1 請求する方はどなたですか。

住　所　東京都○○区○○○丁目○番○号

氏　名　鈴木　太郎　　印　※本人自署の場合，押印は必要ありません。

生年月日　□明治 □大正 ☑昭和 □平成　○○ 年　○○ 月　○○ 日生

連絡先　080 ― 9999 ― 9999　※日中 9:00〜17:00 に連絡のつく連絡先を必ずご記入ください。

※返信用封筒に，上記の住所・氏名を記入し，その住所の載った本人確認書類の写しと合わせて送付してください。
※お届け先の住所・宛名が上記1と異なる場合には追加の資料が必要となります。
事前にお問い合わせください。　●新潟市郵送証明センター　TEL 025-223-7109

2 必要とする戸籍の本籍・筆頭者をご記入ください。

本　籍　新潟県新潟市○○区○○○番地

(フリガナ)　スズキ　シゲル　　生年月日

筆頭者　鈴木　茂　　□明治 □大正 ☑昭和 □平成　○○ 年 ○○ 月 ○○ 日生

3 どのような証明が必要ですか。左側の欄に○をつけてください。

| | | | |
|---|---|---|---|
| ○ | 戸　籍 1通450円 | 全部事項証明（謄本） | 1 通 |
| | | 個人事項証明（抄本） | 通　どなたの→ |
| ○ | 除　籍 1通750円 | 全部事項証明（謄本） | 1 通 |
| | | 個人事項証明（抄本） | 通　どなたの→ |
| ○ | 原戸籍 ☑昭和 ☑平成 1通750円 | 謄本 | 1 通 |
| | | 抄本 | 通　どなたの→ |
| 特別に記載を必要とする事項がありましたらご記入ください | | 例　○○の死亡の記載があるもの，○○と△△の兄弟関係がわかるもの，○○の出生〜死亡までの戸籍○セット【　】 | |
| | 戸籍の附票 1通300円 | 謄本 | 通 |
| | | 抄本 | 通　どなたの→ |
| | | 証明の必要な住所【　】 | |
| | 身分証明書 1通300円 | | 通　どなたの→ |
| | その他【　】 | | 通　どなたの→ |

4 請求する方と戸籍に記載されている方とのご関係をお選びください。
□ 本人　□ 配偶者　□ 子・孫　☑ 父母・祖父母　□ 同籍者
※上記以外の方が請求する場合は，お問い合わせください。

5 同封したものの内訳をご記入ください。
定額小為替：3000 円分　返信用の切手（返信用封筒に貼付の分を含む：82 円分
※定額小為替はおつりがいらないように送付してください。

6 最近（2週間以内）に戸籍の届出をされた方は，下記についてご記入ください。
＿＿月＿＿日に＿＿＿＿市・区・町・村に＿＿＿＿届を提出

7 備考　**※ここに戸籍の請求理由を書く（164 頁からの注意点説明を参照）**

〔注意〕偽りその他不正の手段によって交付を受けたときは，３０万円以下の罰金に処せられます。（戸籍法第１３３条）

**が載る戸籍を、たどれるだけ全て集めています」と書く。これが伝わらないと、死亡日が記載されている戸籍が抜けていたりするので、記入欄が狭い書式でも必ずこのように書いて請求する。**

特に、すべての謄本を請求することと、戸籍請求の理由は重要です。

## ②交付の手数料

現在、一通あたり、戸籍は450円、除籍・原戸籍は750円です。郵便局で定額小為替を買って同封します。役所は、「必要な金額分の定額小為替を入れてください」と言いますが、そもそもその役所で取れる戸籍の数は請求する前にわかりません。そのため、私は3000円分の定額小為替を同封しています。おつりは定額小為替で返送してくれますので、郵便局に持っていけば換金できます。

## ③返信用封筒

返信先（自分の住所）を記入し、最低額の切手を貼ります。現在、定形郵便なら82円、定形外郵便なら120円です。そして必ず、封筒に赤ボールペンで「不足料金受取人払」

と書いておきます。

### ④本人確認資料

運転免許証などのコピーを同封します。

### ⑤戸籍と請求者との関係を証明する書類

それまでに取った自分から始まる戸籍謄本のコピー(つながりがわかるページのコピー)を同封します。これは必須です。高祖父など、かなり上の代の戸籍を請求する場合には、自分からつながる戸籍すべてのコピーを入れます。つながりを証明しないと、戸籍を発行してくれません。

## 市町村の合併を確認する

必ず出くわす問題の一つが「現在では消滅している市町村の問題」です。過去、国の号令のもと数回にわたって市町村合併が行われました。特に「明治の大合併」「昭和の大合併」

「平成の大合併」によって、多くの市町村が消滅（統廃合）しています。

収集した戸籍を読み取り、いざ請求しようと思っても、そんな市町村は現存しないということが多々起こります。このようなときは、消滅した請求先の市町村が合併によって現在どの市町村になっているのかを突き止めなければなりません。インターネットでも調べられますが、その地域・周辺の役所に電話して聞いてみるのが手っ取り早いでしょう。

明治以降の村の変遷は、郷土史を確認する際にも必要ですので、しっかりと押さえます。

## 戸籍のたどり方の例

ご自身の出生まで遡った戸籍には、両親の本籍地が記載されています。父方の系統をたどる場合は父の本籍地へ、母方の系統をたどる人は母の本籍地へ、戸籍を請求していきます。取得できるのは、自分の直系のみの戸籍です。

### ◉サンプル①

現戸籍から従前戸籍を読み取ります。従前戸籍欄に着目します。

（2の1）　全部事項証明

| | |
|---|---|
| 本　籍<br>氏　名 | 千葉県浦安市東野＊丁目＊番＊号<br>吉田　一郎 |
| 戸籍事項<br>戸籍改製 | 【改製日】平成16年12月1日<br>【改製事由】平成6年法務省令第51号附則第2条第1項による改製 |
| 戸籍に<br>記録されている者 | 【名】　一郎<br>【生年月日】昭和51年10月1日　【配偶者区分】夫<br>【父】　吉田　勝<br>【母】　吉田　あかね<br>【続柄】　長男 |
| 身分事項<br>出　生 | 【出生日】昭和51年10月1日<br>【出生地】神奈川県横浜市<br>【届出日】昭和51年10月9日<br>【届出人】父<br>【送付を受けた日】昭和51年10月12日<br>【受理者】神奈川県横浜市瀬谷区長 |
| 婚　姻 | 【婚姻日】平成14年7月19日<br>【配偶者氏名】西堀　裕子<br>【従前戸籍】東京都AA区aa　＊丁目＊番＊号　吉田　勝 |
| 戸籍に<br>記録されている者 | 【名】　裕子<br>【生年月日】昭和51年10月12日　【配偶者区分】妻<br>【父】　西堀　紀夫<br>【母】　西堀　真美<br>【続柄】　長女 |
| 身分事項<br>出　生 | 【出生日】昭和51年10月12日<br>【出生地】千葉県柏市<br>【届出日】昭和51年10月14日<br>【届出人】父<br>【送付を受けた日】昭和51年10月17日<br>【受理者】千葉県船橋市長 |
| 婚　姻 | 【婚姻日】平成14年7月19日<br>【配偶者氏名】吉田　一郎<br>【従前戸籍】千葉県NN市nn　＊丁目＊番＊号　西堀　紀夫 |
| 戸籍に<br>記録されている者 | 【名】　二郎 |

東京都AA区に戸籍を請求する。

発行番号＊＊-＊＊＊＊＊　以下次頁

## ◉サンプル②

サンプル①にある父親の改製原戸籍です。

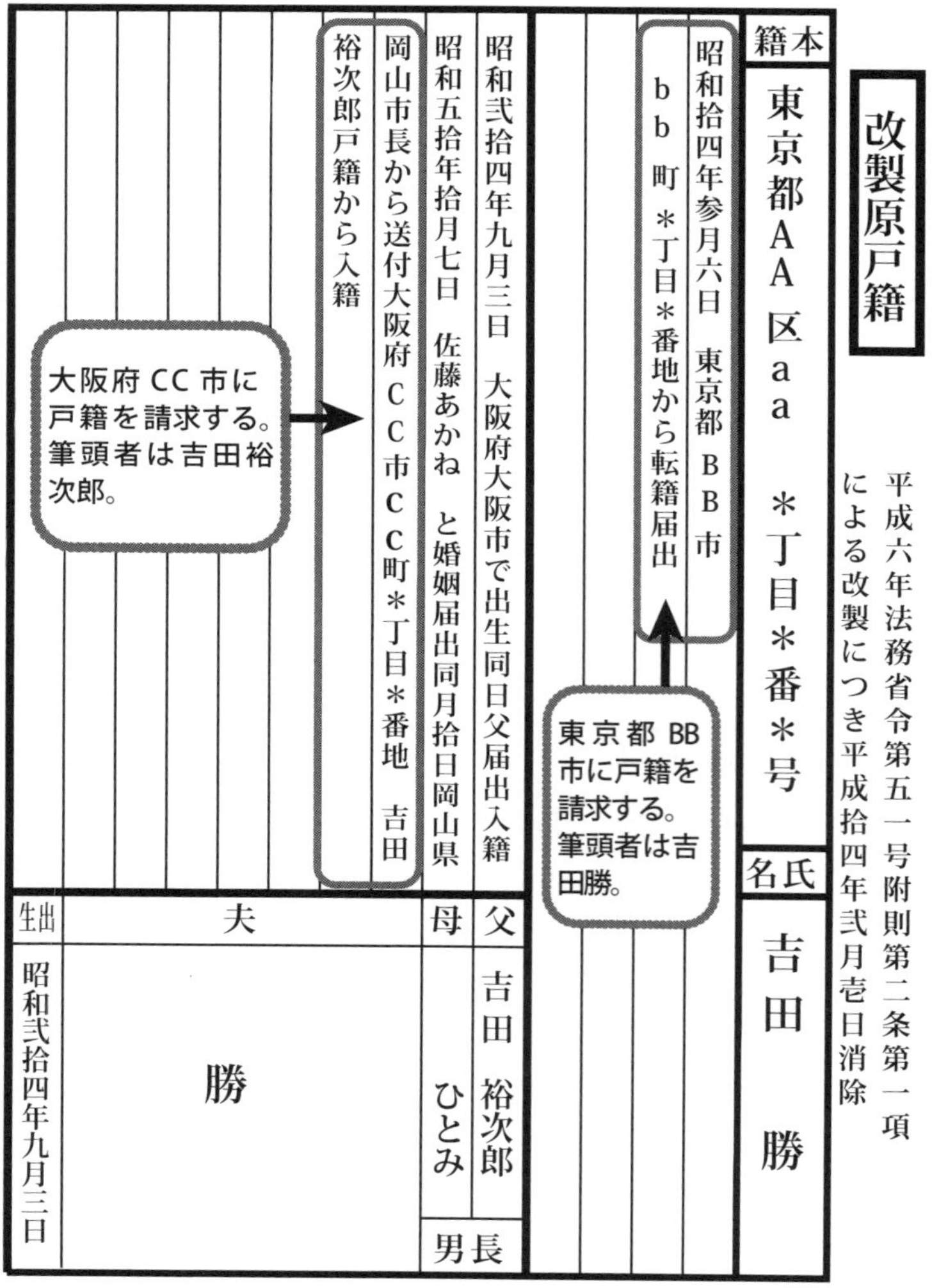

改製原戸籍

平成六年法務省令第五一号附則第二条第一項による改製につき平成拾四年弐月壱日消除

本籍 東京都AA区aa ＊丁目＊番＊号

氏名 吉田 勝

昭和拾四年参月六日 東京都BB市bb町＊丁目＊番地から転籍届出

東京都BB市に戸籍を請求する。筆頭者は吉田勝。

昭和弐拾四年九月三日 大阪府大阪市で出生同日父届出入籍

昭和五拾年拾月七日 佐藤あかね と婚姻届出同月拾日岡山県岡山市長から送付大阪府CC市CC町＊丁目＊番地 吉田裕次郎戸籍から入籍

大阪府CC市に戸籍を請求する。筆頭者は吉田裕次郎。

| 父 | 吉田 裕次郎 |
|---|---|
| 母 | ひとみ |
| | 長男 |
| 夫 | 勝 |
| 出生 | 昭和弐拾四年九月三日 |

昭和弐拾七年拾弐月八日　岡山県岡山市で出生同月拾日父
届出入籍
昭和五拾年拾月七日　吉田勝　と婚姻届出同月拾日岡山県
岡山市長から送付岡山県ＤＤ市ｄｄ町＊丁目＊番地　佐藤
実戸籍から入籍

岡山県DD市に戸籍を請求する。筆頭者は佐藤実。

昭和五拾壱年拾月壱日　神奈川県横浜市で出生同月九日
父届出同月拾弐日同市長から送付入籍
平成拾四年七月拾九日　西堀裕子　と婚姻届出同月四日浦安
市長から送付同市東野　＊丁目＊番＊号に夫の氏の新戸籍編
成につき除籍

父　佐藤　実
母　紀子
長女
妻　あかね
出生　昭和弐拾七年拾弐月八日

父　吉田　勝
母　あかね
長男
一郎
出生　昭和五拾壱年拾月壱日

第5章

# 戸籍を超えた調査の方法①

【事前調査】

戸籍を遡れるだけ遡り、最も古い先祖の「名前」と「本籍地」を押さえたら、いよいよ「戸籍を超えた先祖調査」のスタートです。

調査には大きく「事前調査」と「現地調査」があります。戸籍でわかった最古の本籍地が近くであればよいのですが、たいていは地方（遠方）の場合が多いので、現地調査に行く前に、できる限り事前の調査を行います。

本籍地の郡や市町村の名称の変遷は必ず押さえます。わからなければ、戸籍を取った役所に聞けば教えてくれます。それは、どの郷土史を見ればよいかを把握するためです。

概略図の通り、事前調査は「文献調査」と「電話や手紙による調査」がメインとなります。

## 文献調査

東京近郊の方であれば、国立国会図書館（永田町）もしくは東京都立図書館（広尾）に行きます。地方の方でしたら、まずはお近くの市立図書館か県立図書館で、次の文献を探しましょう。

## 調査の概略

### 事前調査

- 先祖地域の地理の文献・郷土史、情報を、探す、見つける、読む…読む。レファレンスサービスも利用。
- 記載内容にヒントになりそうな事項（人、出来事、古文書等）を問い合わせる。
- 電話帳情報により、先祖地の同姓宅に手紙を出す。（本家、遠戚、菩提寺探し）
- 先祖地の寺に手紙を出す（菩提寺探し、墓探し）。宗派がわかれば選別して。
- 郷土に詳しい人（郷土史家や学芸員、名主、古老等）を探す。手紙、電話、etc.

◆書き取り、コピー、録音、撮影を行って、先祖情報を集める。先祖の年表なども作り、代々の系譜や関係性を描いてみる。日本史に関わる場合は、それも記載。時間の流れと場所をはっきりする。

◆「根気」「体力」「会話力」「勘・運」で。

先祖の助けがあるものです…

### 現地調査

- 地元図書館、史（資）料館、博物館、歴史館、（公）文書館などで、すべての分献・文書調査。
- 本家を訪問<br>同姓宅を訪問<br>※飛込み訪問の方がいい場合もある
- 元庄屋・名主を訪問<br>郷土史家に合う<br>旧家（商店）訪問<br>※飛込み訪問も
- 寺院（菩提寺）訪問<br>過去帳・墓の確認<br>先祖名、人間関係
- 神社や金石の確認<br>（神社の寄付物、石塔、村の庚申塔など）

## ◇都道府県別の文献

都道府県別の『角川日本地名大辞典』（角川書店）や『〇〇県の地名』（平凡社）で、最古の本籍地からわかる本籍地周辺の地名情報を確認します。

その情報の元となる郷土史名や古文書名が書かれていたり、昔の戸数や人の数などが書かれています。巻末には村の変遷なども載っています。必要なページをコピーします。

## ◇姓氏に関する文献

『姓氏家系大辞典』（太田亮著、角川書店）もチェックします。これは、名字研究の基礎となる本で、名字の由来や同姓の発祥や系譜が載っています。インターネットで検索すれば、『国立国会図書館デジタルコレクション』上で、自宅から見ることもできます。

また『〇〇県姓氏歴史人物大事典』（角川書店）という、それぞれの県に特化した資料もあります。ただし全14巻（岩手、宮城、群馬、神奈川、富山、石川、山梨、長野、静岡、愛知、山口、鹿児島、沖縄の各県および京都市）しか出版されていません。角川書店に問い合わせたところ、これ以上の出版予定はないとのことでした。

### ◇郷土史などの文献

最古の本籍地周辺のありとあらゆる郷土史（県史、郡史、市史、町史、村史など（タイトルの〝史〟が〝誌〟となっているものも）や産業史（例えば農業史、漁業史など）、その地域に関する文献を閲覧し、地域の歴史や風土を知るとともに、自家の先祖（名字、通称、屋号）に関わる情報が載っていないか、をチェックします。

県史では、通史編と資料編で20冊近くに及ぶことがあります。冊数の多い場合は、まず、近世（戦国～江戸時代）～近代（明治～大正）を中心に見ればいいでしょう。

郷土史の発行者と発行年、古文書の存在、古文書の写真や所蔵者、出てくる村人の名前、庄屋・名主の名前、名士の名前、村の歴史や出来事・特徴、藩について、などを読み取ります。気になる内容は書き写したり、コピーを取ります。これはポイントになりそうだと思った箇所のページ番号は、控えておきましょう。

### ◇地元特有の郷土資料

また図書館には、レファレンスサービスがあります。私は、調査する先の県と市のそれぞれの図書館のレファレンスサービスで、先祖の地やキーワードを伝え、図書館に所蔵されている郷土に関わる文献名を洗い出してもらっています。

地元の図書館には、国会図書館や東京都立図書館に置いていない地元特有の郷土資料が必ずあります。郷土の愛好家や同好会、郷土史編纂に関わった方々が、それぞれ編纂、出版した冊子、自費出版本です。たまに、江戸時代や明治時代の住宅地図のような史料が保管されていたりもします。

地元の図書館に気軽に行ける場合は良いのですが、そうでない場合は、教えてもらった文献が国立国会図書館や都立図書館にあればそこで確認します（首都圏にお住まいの方の場合）。あるいは、住んでいる地域の図書館で、その文献が相互貸出サービスで貸し出しできるかを聞き、可能であれば申し込みます（小さい図書館は不可）。古い郷土史は〝持ち出し禁止〟がほとんどなので、困難な場合も多いですが、ダメで元々、トライしましょう。

私はいつも地元の浦安市中央図書館で申し込んでいますが、貸し出し本はだいたい、2週間～1か月くらいで届きます。

貸し出し不可の本の場合は、現地調査の際に確認します。県によっては、古文書が博物館や文書館に保管されている場合があるので、このことも電話で確認しておきます。

それと、インターネットが使える方は、「Ｇｏｏｇｌｅブックス」のサイトで検索するのも文献探しに案外有効です。ご自身の先祖の名や調べたいキーワードを入れて検索します。すると、そのキーワードが含まれる文献の一覧が抜粋文章とともに表示されます。その中を見ていって、カギになりそうな文献名と出版年などを書き出したり印刷して、その文献を国会図書館で調べます。古い文献、貴重文献は、国会図書館にしか置いていないことも結構あります。

例えば、先祖の居住地が江戸時代に他の藩が治めていた場合、まったく別の県の郷土史に、先祖の地の古文書が載っていたりします。これは地元の図書館では見つけることは困難です。このような場合、「Ｇｏｏｇｌｅブックス」の横断的な検索は有効です。

書籍の著作権が失効していたり、出版社がＧｏｏｇｌｅに許可を与えている場合は、書籍全文をインターネット上で見られることもあります。そのようなことから、検索を試してみる価値は十分にあります。

## 郷土の役所に問い合わせる

調査する地（先祖の地）の役所へ電話して、郷土の歴史について聞ける部署につないでもらいます。担当者に、次のようなことを聞きます。

**◇「○○○史」の○○ページに載っている古文書（の現物か写しなど）は、どこにありますか？　それを見ることはできますか？**

**◇他に江戸時代の村の人名が載っている古文書（検地帳や宗門人別帳、分限帳など）はありませんか？　それは活字になっていませんか？**

**◇村の歴史や古文書について聞ける施設や詳しい人はいませんか？　郷土史家などを紹介してもらえませんか？**

その他、郷土史の内容で聞きたいことや、家の言い伝えで確認したいことを聞きます。

その郷土史が編纂された時期が古い場合は、既に編纂室が解散していたり、関わった人が退職したり亡くなっていたりして、まったく手がかりが無いことも多々あります。しかし、編纂の際に集めた古文書の写しが役所に保管されていることも多いため、参考になる情報がないか、電話で聞きます。

役所の担当者も人それぞれです。ほとんど調べもせずに「ない」と言う人もいれば、逆に、非常に熱心に協力してくれる人もいます。高知県四万十市や山形県大蔵村の担当者は、親切に地元に関係する資料をファックスしてくれました。熊本県湯前町の担当者は、現地調査の際、仕事が休みの日曜日に会って話をしてくれました。北秋田市の担当者は、わざわざ車で30分以上かかる山間の調査に立ち会ってくれました。

## 博物館、歴史館、史料館、文書館などに問い合わせる

役所で教えてもらった施設や自分で調べた施設に、電話して聞きます。聞く内容は、役所で聞いた内容と同じです。また、他にも郷土に関わる資料を置いていないか、確認します。

## 同姓宅に手紙を出す

あなたが分家の場合、地元に残っている同姓は本家か先祖を同じとする遠い親戚である可能性があり、最古の本籍地周辺の同姓宅に当たることは非常に重要です。

まず同姓宅の住所と氏名は、次のような方法で探します。

### ◇住宅地図で調べる

国会図書館などで、本籍地の住宅地図（ゼンリン）を確認します。本籍地周辺エリアをチェックして、同姓宅があればそのページのコピーを取ります。著作権法の関係で、一般の図書館では通常、一回で左か右の片側ページしかコピーを取れませんが、国会図書館は特別許可があるため、左右両方のページのコピーが取れます。住宅地図のコピーは現地調査の際には必須です（詳細は後述）。

### ◇電話帳で調べる

50音別電話帳「ハローページ」などで、住所・氏名・電話番号を調べます。

近年は、個人情報の観点から電話番号を非公開としている家や、固定電話を持たない家が増えています。とはいえＮＴＴの電話帳は、住所、氏名、電話番号を調べる上でやはり重要なアイテムです。

地方の「ハローページ」は購入することもできます。１冊数百円（地域による）で、送料は有料です。詳しくは、タウンページセンター（０１２０―５０６―３０９）にお問い合わせください。

私は業務で行っているため、NTTの電話帳データ（日本ソフト販売株式会社）を購入しています。これは数万円しますが、本格的に調べたい方は検討してみてください。

同姓宅の住所と氏名がわかったら、手紙を出します。手紙には下記のものを同封します。

**◇事情を説明した手紙**

自分を名乗り、調査している意図をしっかり伝え、ご自身の先祖の情報を説明します。怪しい者でないことと先祖への真摯な想い、先祖を供養したい気持ちなどを書きます。

**◇ご自身の家系図（ラフなもので可）**

相手がその家系図の先祖名を見て、知っている人物がいるかもしれません。そのため、戸籍でわかった最古の先祖からあなたまでの家系図を、手書きでよいので同封します。

**◇回答書**

相手が返答、返信しやすいように、できるだけ簡単なものにします。私が聞いている内容は次のようなことです。

Q1　同封の系図にある「○○○○（名前）」や「○○○○（名前）」という名前をご存じでしょうか？

Q2　関係がありそうな場合、貴家にご先祖様についての言い伝え（本家のこと、分家、屋号やご職業など）はありますでしょうか？

Q3　差し支えなければ、貴家の菩提寺、家紋をお教え願えないでしょうか？　私の菩提寺は「○○寺（○○市○○町○—○）」で、家紋は「○○○○」です。

Q4　その他、どんな些細なことでも構いませんので、関連する情報がありましたら、お教えいただけますでしょうか？

**◇自分の身分がわかるもの（運転免許証などのコピー）**

聞く内容が個人情報ですので、こちらから情報を開示することで信用度が増します。

**◇切手を貼った返信用封筒**

切手の下に「不足料金受取人払」と朱記しておきます。

### ◇上記以外に、伝えておきたい資料（もしある場合）

地域によりますが、実際に手紙を出して回答書を返信してくれるのは、1、2割程度です。私は、一度に40軒ほどの同姓宅に手紙を出したこともあります。それなりに郵便代はかかりますが、惜しんではいけません。同姓からの情報によって、何度も調査のきっかけをつかめたからです。

返信をくれた方には、お礼状もしくはお礼の電話をしましょう。

1か月ほど待って何も返信がない場合は、直接電話をして聞きます。なかなか電話がつながらない場合は、現地調査の際に飛び込み訪問を考えます。

## お寺（菩提寺）に手紙を出す

同封するものは同姓宅へ出す手紙の場合とほぼ同じですが、回答書の内容は異なります。

◇**事情を説明した手紙**

同姓宅の場合とほぼ同じですが、これまでに郷土史などで調べたり、同姓宅に手紙を出したりして調べているが、なかなかわからないことを書き、菩提寺を探していることやお寺に先祖の記録やお墓がないかを聞きます。

特に大切なのは、先祖を想う気持ち、供養する気持ちを表わすことです。お寺の記録（過去帳）があるなら、現地調査の際にご挨拶に伺う旨を記載しておきます。

◇**ご自身の家系図（同姓宅の場合と同じ）**

◇**回答書**

同姓宅とは異なります。住職の手間を考えて、より簡単なものにします。私が聞いているのは次のようなことです。

Q1　貴寺には同封の系図の「○○○○（名前）」や「○○○○（名前）」、「○○家先祖」の記録はありますでしょうか？

Q2　その他、どんな些細なことでも構いませんので、関連する情報がありましたら、お教えいただけますでしょうか？

**◇自分の身分がわかるもの（同姓宅の場合と同じ）**

**◇切手を貼った返信用封筒（同姓宅の場合と同じ）**

**◇上記以外に、伝えておきたい資料（もしある場合。同姓宅の場合と同じ）**

ご自身でわかっている江戸時代の菩提寺や、同姓宅から教えてもらった菩提寺に手紙を出しますが、菩提寺が特定できていない場合は、本籍地周辺の複数のお寺に手紙を出します。宗派がわかれば、より選別して出します。

廃仏毀釈《はいぶつきしゃく》（※）により、明治初期に無くなってしまったお寺もあります。この場合は、本寺を探し出して手紙を出します。

※廃仏毀釈とは？
慶応４（１８６８）年、神仏分離令が出された。これをきっかけに神社と仏寺との間に争いが起こり、地方によっては民衆による寺院建物の打ち壊しや文書の焼却などの仏教排斥の運動が起きる。この運動を廃仏毀釈（仏法を廃し、釈迦の教えを捨てる意）という。

お寺に出した手紙に対しては、10のうち6～7ほどの寺が返信してくれています。返信をくれた住職には、お礼状もしくはお礼の電話をします。

2か月ほど待っても返信がない場合は、電話をして確認をします。特に、盆暮れ、お彼岸などは忙しいため、焦らずに待つことです。

過去帳の閲覧は年々厳しくなっています。それでも、先祖を想う気持ちを真摯に説明すれば多くの場合、住職は協力してくれるはずです。

## 法務局に旧土地台帳を請求する

第2章の「古文書について」でお話ししましたが、旧土地台帳とは、明治時代から昭和初期にかけての不動産登記簿のようなものです。本籍地の所有者の変遷がわかります。本籍地管轄の法務局（出張所）に行って、じかに閲覧するのが一番良いのですが、とりあえず郵送で、本籍地や出生地など、気になる住所の旧土地台帳を請求します。

ただ、本籍地が「○番戸」「○番邸」「○番屋敷」というような記載は、住所が特定できないので見つけることはできません。戸籍のつながりを見て、「○番戸」がその後の何番地にあたるかがわかれば請求できます。

明治時代の番地を役所に聞いてもわからないケースがほとんどですが、一応問い合わせます。かなり稀ですが、図書館に新旧の対比情報があるケースもあります。戸籍上で、同一の場所なのに行政の都合で地番が変わっている場合は、新しい方の地番で請求します。

役所の戸籍が早々に廃棄されている場合、旧土地台帳から、戸籍以上の先祖名がわかることがあります。例えば、〝相続〟でその土地建物を受け継いでいる記載があれば、その上の代は父親だと推定できます。

また、管轄法務局でその地域全体の旧土地台帳を見ると、土地所有者がわかります。これによって、ご自身の先祖や同姓が多くの所有地を持っていたりすることや、分家の所有地や所有者名もわかることがあります。村の大地主や家周辺の事情を知っておけば、貴重な情報となります。

公図や住宅地図などの情報を重ね合わせると、先祖が住んでいた位置を特定できることがあります。現在は様変わりしてしまった場所に立つと、感慨深いものがあります。

## ◉旧土地台帳とは？

旧土地台帳には字や地番、地目とともに、「反別反」「地価円」「地租円」が記載されています。数値の見方の例を説明しましょう。

例えば、あなたの先祖の土地のページに、下記の情報が書かれていたとします。

これを今の数値に置き換えてみましょう。

**◇面積（反別反）**

「歩《ぶ》」は坪と同じで、「畝《せ》」は30歩、「反」は10畝です。

したがって、この土地　1反3畝14歩は、

1反＝10畝＝300歩＋3畝は90歩＋14歩＝404歩（坪）となります。

平米では、404×3.3㎡ですので、結果この土地の面積は「1333.2㎡」となります。

| 地　目 | 田 | →「農地（田んぼ）」 |
|---|---|---|
| 反別反 | 1.314 | →「面積 1 反 3 畝 14 歩」 |
| 地価円 | 124.060 | →「課税標準 124 円 6 銭」 |
| 地租円 | 3.102 | →「税額 3 円 10 銭 2 厘（地価の 2.5%） |

**◇円換算**

明治時代の1円＝現在の2万円くらいと推定します。

地価円の124・060は、課税標準124円6銭のことなので、現在の価値で評価すると、124円×20000円は「248万円」となります。

結果として、あなたの明治時代の先祖は、1333・2㎡の農地を持ち、土地の評価額は現在の価値で248万円となります。

## ◉郷土史家などに手紙や電話で問い合わせる

役所の郷土史管轄部署の人などに頼んで、郷土に詳しい人（郷土史家）を紹介してもらいます。よくあるのは、郷土史編纂に携わった専門家、大学の元教授、役所の生涯学習課や文化財課を定年退職した方、地元の文化財委員、資料館の館長や学芸員などです。

その人に、郷土の歴史・風土や特徴、古文書や郷土資料のことなどを聞きます。その人自身が、村役をしていた家で古文書の所蔵者だったりもします。

このような方々の協力を得られると、貴重な情報が得られることが多々あります。

## ◉歴史本の著者（作家）に手紙を出す

先祖が有名な史実に関係していそうな場合、歴史本を書いている作家や専門家（先生）に手紙を出す方法もあります。

私は過去に、新撰組や水戸藩、水戸天狗党に関する本の著者に手紙を出したことがありました。結果的に具体的な情報はなくとも、ほとんど返信をいただけています。

事前調査として、このような方面から調査を進めていくと、先祖や家に関する情報が集まってきます。機が熟したと判断した場合、いよいよ現地調査を行います。

第6章

# 戸籍を超えた調査の方法②

【現地調査】

現地では、文献や古文書の確認・閲覧、本家もしくは同姓宅、お寺（菩提寺）の訪問や神社の石仏の確認、郷土のことを聞ける人（郷土史家）との面会が主になります。事前調査から得られた情報の確認や深堀りをするものです。

決まっている訪問先や面会する人とは予め約束を取っておきます。しかし、現地に行ってからスケジュールが変わることもあるので、フレキシブルに行動します。現場でつかんだ情報をもとに急に別の場所に行くことがあるため、私は調査期間中のホテルを全部は予約しないで行くこともあります。例えば、新潟県長岡市で調査を行っていたとき、長野県飯田市の図書館に先祖に関係する資料があるとわかり、急遽予定を変えたこともあります。

## 現地で行うこと

以下のことは、毎回すべて行う必要があるわけではありませんが、行う可能性があるものを列挙しました。先祖に関する現地調査は、ここに挙げたことをあきらめず忍耐強くやることに尽きます。

## ◉現地の図書館で郷土資料（史料）を閲覧・確認する

地元の県立や市立（町立）図書館には、そこにしか置いていない本がたくさんあります。例えば、郷土愛好グループや史談会、郷土史編纂会メンバーが作った冊子、郷土の方の自費出版本などの資料（史料）です。

図書館であっても、古文書や古地図が保管されている場合もあります。また図書館と史料館（文書館）が併設か近設しているところもあります。

時間を有効に使うためには、事前に電話をしておき、レファレンスサービスで調べてもらった本をすべて用意しておいてもらうとよいでしょう。また、確認しながら新たに気になったキーワードを書き出し、その情報が書かれた文献がないかを係員に調べてもらって進めます。

コピーも自分で取りますし、慣れない図書館で勝手もわからないため、時間はすぐに経ってしまいます。滞在時間が限られているので、私の場合は、朝食を多めにとって開館から閉館まで昼食抜きで確認作業をしています。

図書館での調査は、時間を多めにとった日程を組みましょう。開館日や開館時間は必ず事前に確認しておきます。

## ◉現地の法務局で旧土地台帳を確認する

事前調査のやり方のところで、法務局に旧土地台帳を請求することをご説明しました。さらに、現地調査の際に改めて法務局に足を運んで、台帳を1ページずつ確認することをお勧めします。何かしら発見があるかもしれません。

これまで、法務局に行ってどのような成果があったか、例を挙げておきます。

**◇先祖の土地の所有権の移動がわかった（これだけでも有効な情報となる場合も）。**
**◇先祖が所有する土地が本籍地以外にもあった（大地主だったということも）。**
**◇戸籍ではわからなかった父親（と思われる）名前がわかった（相続による所有権移動という文言で推定）。**
**◇戸籍に記載がある（ない）叔父・兄弟等の所有地とその場所がわかった（分家、本家の推測ができる）。**
**◇法務局に公図もあったことで、先祖が住んでいた場所を特定できた。**
**◇本家筋の引っ越し先がわかった（その地の同姓に手紙調査をする）。**
**◇明治になって名字の漢字を変えたが、変更前の名字の名残を発見した。**

明治時代以降の旧土地台帳でも新たな情報を発見できることが多く、ひいては江戸時代を推測できるきっかけになることもあります。

旧土地台帳を閲覧するには、不動産登記証明発行の窓口に行って尋ねてください。申請用紙には本籍地を一か所記入して、とりあえず台帳の1冊を出してもらいます。その1冊の確認後に、「この前（後）の台帳も閲覧させてもらえますか？」と言って、本籍地周辺の台帳やその村全体の台帳を、時間の許す限り確認してみてください。確認作業は結構時間がかかります。最低半日の時間をみておいた方がいいと思います。

なお情報が見つかったら、そのページにしおりを挟んでコピーを希望します。コピーは係員が取ります。現在は、旧土地台帳の閲覧もコピーも無料です。係員には申し訳ないのですが、私は、台帳5冊とびとびで30か所ほどのコピーを頼んだこともあります。

## ◉古文書所蔵者宅、博物館、役所、会館、自治会で古文書を確認する

私の場合は仕事で調査していますので、郷土史などに古文書が活字化されてる場合も、先祖の名が載る古文書の原本を確認して撮影するようにしています。お客様に納品するためです。しかし、通常は活字化されている文献やコピーで先祖名が確認できれば、原本の古文書まで探す必要はありません。

とある県立博物館の古文書書庫（上）と、市立博物館所蔵の特大町絵図（下）

ただ、郷土史や事前調査などで（活字化されていない）古文書の存在がわかった場合は、それを探して確認する必要があります。チェックするのは、「検地帳」や「宗門人別帳」、村文書、武士の場合は「分限帳」などを中心に、〝人名〟が書かれている文書です。古文書の文面まではなかなか読めませんが、書かれた年号（和暦）と村人の名は読み取る必要があります。

博物館や資料館によっては学芸員に聞くことも可能ですが、多くの場合は対応してくれません。その場合は、撮影やコピー（写しなど可能な場合）を取って持ち帰り、くずし字事典などを使って読み取ります。あるいは、有料ですが、読んでくれる業者もあります。

前頁の写真は、某県立博物館の古文書書庫と、市立博物館所蔵の特大の町絵図（原本）を会議室で確認する場面です。

## ◉本家を訪問する

事前調査で本家筋がわかった場合、アポイントを取って本家を訪問します。家紋や菩提寺、墓や先祖の言い伝えなど聞くことは多く、可能であれば過去帳や位牌、写真を見せてもらいます。ご挨拶の手土産を持参しましょう。

## ◉同姓宅を訪問する

事前に訪問のアポイントが取れた場合と、飛び込み訪問の場合があります。地元での同姓は、何らかの遠戚関係があるケースが多いものです。もちろん系統が異なることもあります。この場合は、家紋が同じ系統かどうか確認します。

聞く内容は本家のところで書いたことと同じですが、どこからの分家かを聞きます。本家や同姓宅での訪問の際、住宅地図を見ながら話すと、結構いろいろな話を引き出せます。例えば、「この家はここの分家だ」「この家は使用人だった」「この家は今は別の人が住んでいるが昔はウチのものだった」「この通りは昔の街道で、この家の屋号は○○、この家は○○…」などなど。

また、同姓宅をラインマーカーで色付けすると、その地域での同姓の分布がわかります。中世からの名字の地と言われる場所の場合は、1ページに同姓宅の多くの色がつくでしょう。

何軒かで話を聞くと、結構な情報になります。地元について詳しい人や長老を紹介してくれることもあるので、手土産は多めに用意しておきましょう。

ちなみに、事前調査の際の手紙や電話は、一切無視される場合があります。このような場合は、気後れせずに現地調査の際、アポイントなしで訪問します。直に会って説明すると、案外話をしてくれます。相手が高齢の方の場合、「何だかよくわからなかったので（手紙を）無視していた」「（手紙を）そのまま置いておいたら時間が経ってしまった」というケースがほとんどです。

また、同姓宅も本家もそうですが、お墓がお寺の敷地ではなく、少し離れた山や林の中にあることが結構あります。お墓の場所と行き方を教えてもらって確認に行きますが、なかなかわからないのが現実です。そんなときは、不躾にも再度、案内をお願いすると、ほとんどの方が快く案内してくれます。

お墓には、先祖の情報がたくさんあります。確認することは、年号、戒名、俗名（実名）、没年齢、通称、通字、家紋、建立者、施主、配置、大きさ、碑文、銘文などです。

## ◉庄屋や名士だった家を訪問する

郷土史で古文書などの所蔵者として記載されている方は、江戸時代に村役をしていた家だった場合がほとんどです。現在の当主がどこまで古いことを知っているかわかりませんが、訪問すると史料や言い伝えがあることもあります。

## ◉旧家や昔ながらの商店を訪問する（飛び込み）

どうしても情報が足りない場合に訪問します。ダメで元々ですが、何らかの情報が得られるケースがあります。これは、序章でお話しした「感じるままに歩いて訪問してみる」の実践です。

いきなり訪問して村の歴史や人のことを聞くわけですが、事情を話せば結構話を聞いてくれますし、協力してくれるものです。三重県での調査のときは、ふらっと訪ねた酒屋さんで、今は廃校となった昭和初期の小学校の卒業アルバムを見せてもらいました。

場所によりますが、昔の村は範囲が狭いので、結婚や養子などで家同士のつながりが多く、一つの訪問先から話が広がっていくことがあります。

いきなり訪ねて話を聞くわけですから、一番大切なのは、誠実に熱意をもって行うことです。

## ◉郷土史家などに会って話を聞く

郷土史家や郷土に詳しい（と思われる）人の話はとても有効です。会う前は「たいしたことわかりませんよ」と言っている人でも、実際に会って話すと結構な情報を持っています。

このような方々の話がきっかけで、うまく先祖探しができたことも数多くあります。また、持っている史料なども大変有効な場合があり、さらに別の人を紹介してくれることもあります。

## ◉菩提寺を訪問し、過去帳を見せてもらう

菩提寺の訪問は、本家の訪問と同じく非常に重要だといえます。目的は過去帳と墓の確認です。基本的には事前に手紙や電話でやり取りしていますので、ご挨拶・お礼もかねて訪問します。

宗派や住職の考え方で対応はそれぞれですが、多くの住職は先祖調査に賛同し協力してくれます。もちろん、過去帳を直接見せてもらえるかどうかは住職の賛同度合、考え方次第です。また、村の人々（檀家）や郷土史に詳しい住職も多く、現地調査での訪問は最重要です。その際、手土産、お布施は必携です。

## ◉神社や村にある寄付物を確認する

地元の神社には、地元の神様へのご挨拶をかねて必ず行きましょう。神社の鳥居や燈篭、石碑には寄付者名が刻まれていますので、石の裏側、台座などをくまなくチェックします。

先祖の名があった場合は、作られた年代と合わせて確認をしましょう。

神社以外にも、村には庚申塔《こうしんとう》や記念碑などの石塔、石碑があります。江戸時代に作られた小さな石碑の場合は、風化したり、草に隠れてしまっていたりして、石に書かれていることなどはなかなか目がいきません。

地元図書館での文献確認の際は、「石」についての本を見つけることがあります。レファ

村の入り口にある庚申塔

レンスサービスで「金石」というキーワードで探してもらうといいでしょう。金石文の内容は、村にある様々な「石」を集めたもので、石に書かれていることが活字化されていたりします。その中に、江戸時代や明治時代の先祖名を見つけることがあります。見つけたら、その場所に行って確認します。私もこの方法で、江戸時代の先祖の存在を確認できたことがあります。

前頁の写真は、ある村の入口にあった天保6（1835）年の庚申塔です。雑草に隠れた台座に名前が書かれていました。

## ◉先祖の墓を訪れる

お墓がわかれば、現地で確認します。確認する内容は、同姓宅訪問のところでお話ししたとおりです。

墓石に書かれた文字は、コケや汚れがあったり、風化していて見えにくい場合があります。私は拓本を取ったり、赤外線カメラを使ったりしています。拓本セットは、一式1万円もあれば購入できますが、コツもあるので専門家に頼む方がいいかもしれません。

戒名（法名）と日付だけしかわからない場合も、お寺や本家に過去帳や位牌が残っている場合は、それと照合することで、新たな情報（俗名や続柄など）がわかったりします。

また、武士や村で功績を収めた人の場合、墓に銘文が書かれていることもあります。これは文献以上の先祖情報になります。

碑文（堀家）（※許可を得て掲載しています）

## 現地調査で必要なもの

ここでは、私が現地調査に行く際の持ち物を挙げています。毎回、これらすべてを持参するわけではありませんし、専門家として持って行く物もありますが、参考にしてみてください。

### ◇リュック

現地調査のためには、両手を開けておく必要があります。人の家を訪問することもありますので、大きすぎず、清潔感のあるリュックがいいでしょう。

### ◇デジタルカメラ

風景や人、墓、古文書など、撮るべきものは数多くあります。写真はできるだけたくさん撮りましょう。デジタルカメラの良いところは、不要なデータを削除できる点とパソコンなどで拡大して見られる点です。予備の電池は必需品です。

◇カメラスタンド（古文書撮影用）

マニアックな道具ですから、通常は持っていない人が多いでしょう。私の場合、50枚以上の古文書撮影をすることがわかっている場合に持って行きます。スタンドが無くても撮影できますが、かなり腰にきます。

◇赤外線カメラ

本家や同姓宅などで、古い位牌を見せていただくことがあります。木製の板に書かれている場合、古くなり真っ黒で肉眼では読み取れないことがあります。このときに威力を発揮するのが赤外線カメラです。赤外線カメラで撮ると、文字をかなりはっきり見ることができます。古い墓を撮ったりもしています。

赤外線対応のデジタルカメラは、ヤフーオークションなどで中古品が出品されています。数千円からあり、2万円も出せば良い物が手に入ります。専門業者に頼む費用を考えるとかなり割安です。

◇ICレコーダー

会話の録音用です。ノートも取りますが、聞き逃しもありますし、後でまとめようと思っても忘れてしまうことがあります。予備の電池も持って行きましょう。

◇**道路地図**

レンタカーにはカーナビがついていますが、全体的な位置や道路を確認するために持って行きます。それと、本家やお寺などを訪問して話を聞く際、お墓の場所や村の歴史などを地図を見ながら聞く場合にとても便利です。

◇**住宅地図**

本家や同姓宅、菩提寺などが載っている住宅地図のコピーを持っていきます。場所によっては表札を出していない所もありますし、村を歩く場合の助けになります。

国立国会図書館はゼンリンの特別許可があるので、何ページでもコピーできます（通常の図書館は、一回ごとに取れるのは見開きページの片側だけです）。

それぞれの家紋が確認できれば、本家、本家の分家、分家の分家など、より各家の系統がわかり、興味深いものになるでしょう。

◇家系図（ラフな手書き程度）

訪問の際、家系図を見ながら具体的に話をすると、話が展開する可能性があります。わからなかった分家や、各家の今の末裔の家なども聞き出せるかもしれません。

◇戸籍

現地で調査をしながらわかった情報を元に、名前や身分事項をその場で確認したいケースがあります。

◇身分証明書

車を運転する場合は運転免許証で良いでしょう。身分証明書が必要となるケースは少ないですが、稀に、初めて訪ねた公文書館や史料館などで、利用カードを作らないと施設が利用できないことがあります。その際には必要となってきます。

私の場合は代理人として活動しますので、写真入りの行政書士証も携帯しています。

◇事前調査で確認した文献や情報のコピー

これらの資料を訪問先で見ながら話をすることがよくあります。郷土史に先祖のことが記載されていることを知らない場合は、より興味を持って聞いてくれるはずです。

**◇訪問先、図書館、役所の住所電話番号の一覧**

今はスマートフォンがあればいつでも調べられるので便利ですが、ない場合は、情報を紙に書き出して持って行きましょう。現地でスケジュールを立て直すこともあります。

**◇拓本セット**

私の場合、お墓で拓本を取る可能性がありそうな場合には持って行きます。取れるかどうかは天候にも左右されます。

**◇虫除けスプレー**

屋外での現地調査では、蚊やいろいろな虫が寄ってきます。特に春から秋口は虫除けスプレーが必需品です。

### ◇ノート、筆記用具

これは説明するまでもないでしょう。現地で得た情報を忘れないように記録しておきます。

### ◇手土産

訪問先の数＋1〜2個用意します。私は15個ほど用意したこともあります。訪問先の協力内容によって土産品を変えています。また私の場合、数が多い場合は、事前に地元レンタカー営業所や宿泊するホテルに送っておきます。結構な数を持参するのは大変です。

なお、現地で手土産を用意するやり方は時間のロスとなりますし、土産品の内容から考えてもお勧めしません。適した品を買える店がなくて、やむを得ず近場のスーパーやコンビニで買ったこともありました。

### ◇お布施

過去帳は超一級の証拠物です。お布施や手土産によって住職の協力度合いは変わります。金額は一概には言えませんが、1万円程度を包めばよいと思います。

### ◇車（レンタカー）

地方での調査は交通が不便なケースが多いので、車は必須です。運転免許を持っていない場合、場所によっては運転できる人と一緒に行くことが必要となります。一日にバスが数本しかない地域とか、そもそも歩いていけない所もあるためです。山の中や村の道はかなり狭い場合が多いので、できるだけ小型車を選びましょう。

また、その地域の中心地で調査する場合は、駐車場を探すのが大変なことがあります。このような場合、私は貸自転車やレンタルバイク（50cc）を使っています（天候にもよりますが）。いずれにしても、どのような行動日程を立てるかによります。

## 現地調査の際の宿と食事について

私は仕事で調査をしているため、滞在時間との闘いです。時間の節約のため、昼食はコンビニで済ませることがほとんどです。しかし手掛かりが少ない場合、またコンビニがない場合、見るからに古くからある地元の食堂に入ります。そこで、店主に地元のことを尋ねると、耳より情報を聞き出せることがあります。

宿も同様です。私は夜にパソコンでのまとめ作業や撮った画像の確認をするため、出来るだけ照明が明るく、机のあるビジネスホテルに泊まることが多いのですが、ホテルなどない地域もあります。この場合は、その地の民宿や一番古い旅館に泊まります。夕食や朝食のときに、宿の主人や女将と話して地元のことを聞いたりします。北秋田市の調査では、宿の主人の情報を元に先祖調査が進んだことがあります。また、地元の本家末裔の人を紹介してくれたこともあります。

温泉がある地域では、地元の公共温泉に行くこともあります。地元の方と話をすることが目的ですが、半分はリフレッシュになります。

私は、仕事で調査しているため、現地での訪問調査も、回数や滞在日数に制約があります。ここに挙げた内容はかなりハードに感じるかもしれませんが、私の場合、通常は一回の現地調査（2〜3泊）のみで完了させています。ご自身で行う場合は制約も少ないと思いますので、ここに挙げた調査事項を順次行っていけばよいでしょう。

ただ、アドバイスとしては、訪問回数や日数、費用などの期限を決めた方がいいと思います。それがないと、今回はここまででいいと思っているうちに間延びしてしまい、成果が出ずに時間が経って、結局あきらめてしまいかねないからです。

多くの家を訪ねたり、見知らぬ人と話したりしますが、気後れせず、半ばあつかましく（表面上は真摯に丁寧に笑顔で）話すことが大切です。

ここに挙げた作業は、一回の現地調査で終わらせるくらいの気持ちで行っていただければと思います。

# 第7章

# 家系図の書き方

## 家系図の書き方は千差万別

最後に家系図の書き方についてお教えしましょう。

家系図はどれも似たような書き方に見えますが、全体の構図、配置、載せる範囲、記載する情報、線のつなぎ方等々、ほとんど同じものはありません。例えば、インターネットの検索で〝家系図　画像〟などと入れて、出てくるサンプルを見てみましょう。作成する個人・専門家・業者・ソフトで、まったく異なっていることがわかると思います。というのも、家系図にはこうしなければならないというルールがないからです。

どの系統を書くか、どの範囲まで書くか、どこまでの内容を記載するか、どのように線をひくか、また何（手書き、パソコン、専門ソフト）で作るか、作った家系図をどのように保管するか、などすべて千差万別です。

ルールがなくて自由だから、逆に戸惑う人もいると思います。そこで、私が書くときの手法を簡単にご紹介します。

# ヨコ型家系図とタテ型家系図

構図は大別してヨコ型とタテ型があり、ヨコ型を1系統家系図、ヨコ型を4系統家系図と呼んでいます。それぞれの特徴を見てみましょう。

## ◉ヨコ型（1系統）家系図の特徴

ヨコ型は、巻物に代表される伝統的な家系譜のスタイルです。系図を右から左に書き綴る形式で、横へ横へと書き進めます。

### ◇長所

横に長い書式は、スペースに余裕があり、特に巻物にする場合は、紙を足しながら個人の事跡を記したり、新たに誕生した子や孫を加筆していけます。

加筆しながらの利用が可能なので、長期保存し、家系の記録・保管用として後世に伝える目的の場合はヨコ型にします。

◇短所

タテ型のように、家系の全体を視覚的に見たい場合には適しません。横にたどりながら見るので、つながりや関係性がわかりにくくなる場合や、一人ひとりの事跡を書く場合、それが多いと、さらにつながりがわかりにくくなります。

なお、ヨコ型であっても、後になって事跡事項に書き足したいことがあったときは、追記するスペースの問題は発生します。

系図はシンプルにして、個人ごとの詳しい情報は家系譜（和装書やノート、別な用紙など）にまとめてもいいでしょう。

ヨコ型のメリットは事跡を書けることです。事跡として書かれる内容は、生年、生地、学校、成績、職業、変名、家督相続、婚姻、表彰、生涯の間に起きた出来事、没年、没年齢、戒名など、その人の生きた証です。配偶者であれば、実家の情報や続柄などを書きます。

## ヨコ系図のイメージ

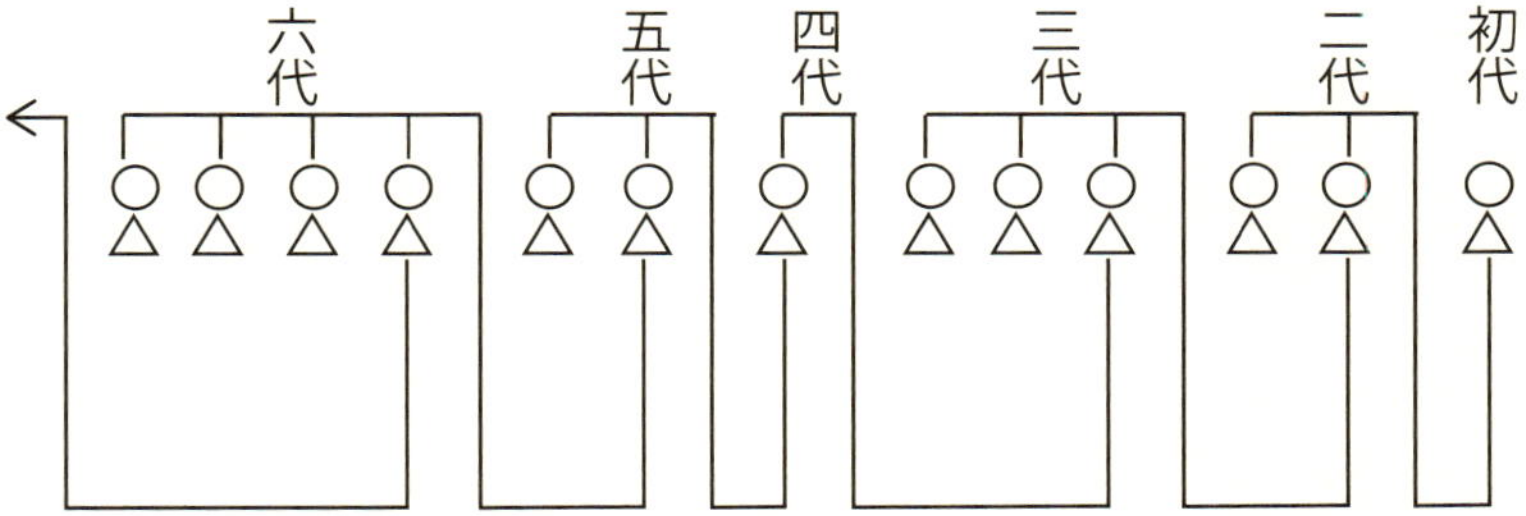


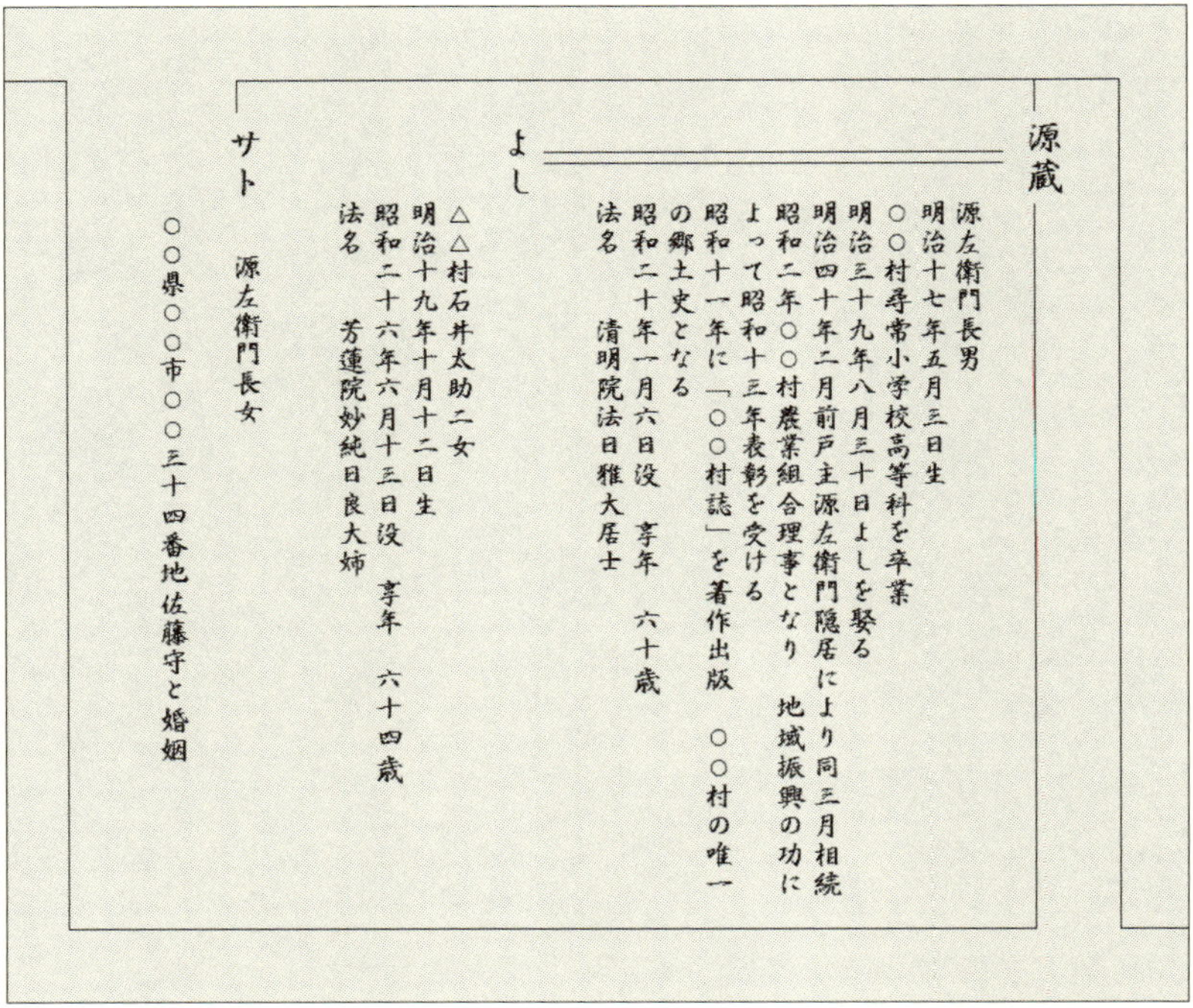


ヨコ型家系図は、右から左へ書き進めていく。

## ヨコ型（1系統）家系図の例

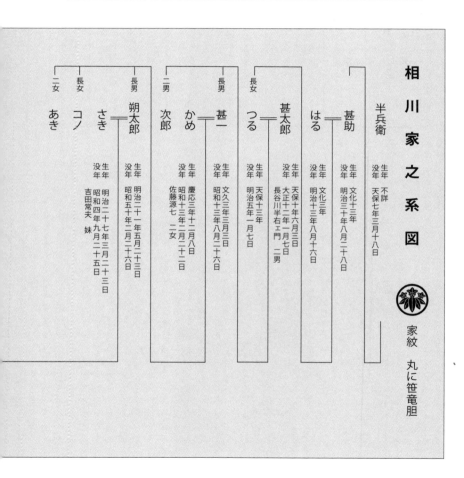

# 相川家之系図

家紋　丸に笹竜胆

半兵衛
生年　不詳
没年　天保七年三月十八日

甚助
生年　文化十三年
没年　明治三十年八月二十八日
＝はる
生年　文化三年
没年　明治十三年八月十六日

甚太郎
生年　天保十年六月三日
没年　大正十二年一月七日
長谷川半右ェ門　二男
＝長女　つる
生年　天保十三年
没年　明治五年一月七日

長男　甚一
生年　文久三年三月三日
没年　昭和十三年八月二十六日
＝かめ
生年　慶応三年十二月八日
没年　昭和十三年二月二十二日
佐藤源七　二女

二男　次郎

長男　朔太郎
生年　明治二十一年五月二十三日
没年　昭和五十年二月二十六日
＝さき
生年　明治二十七年三月二十三日
没年　昭和四年九月二十五日
吉田常夫　妹

長女　コノ

二女　あき

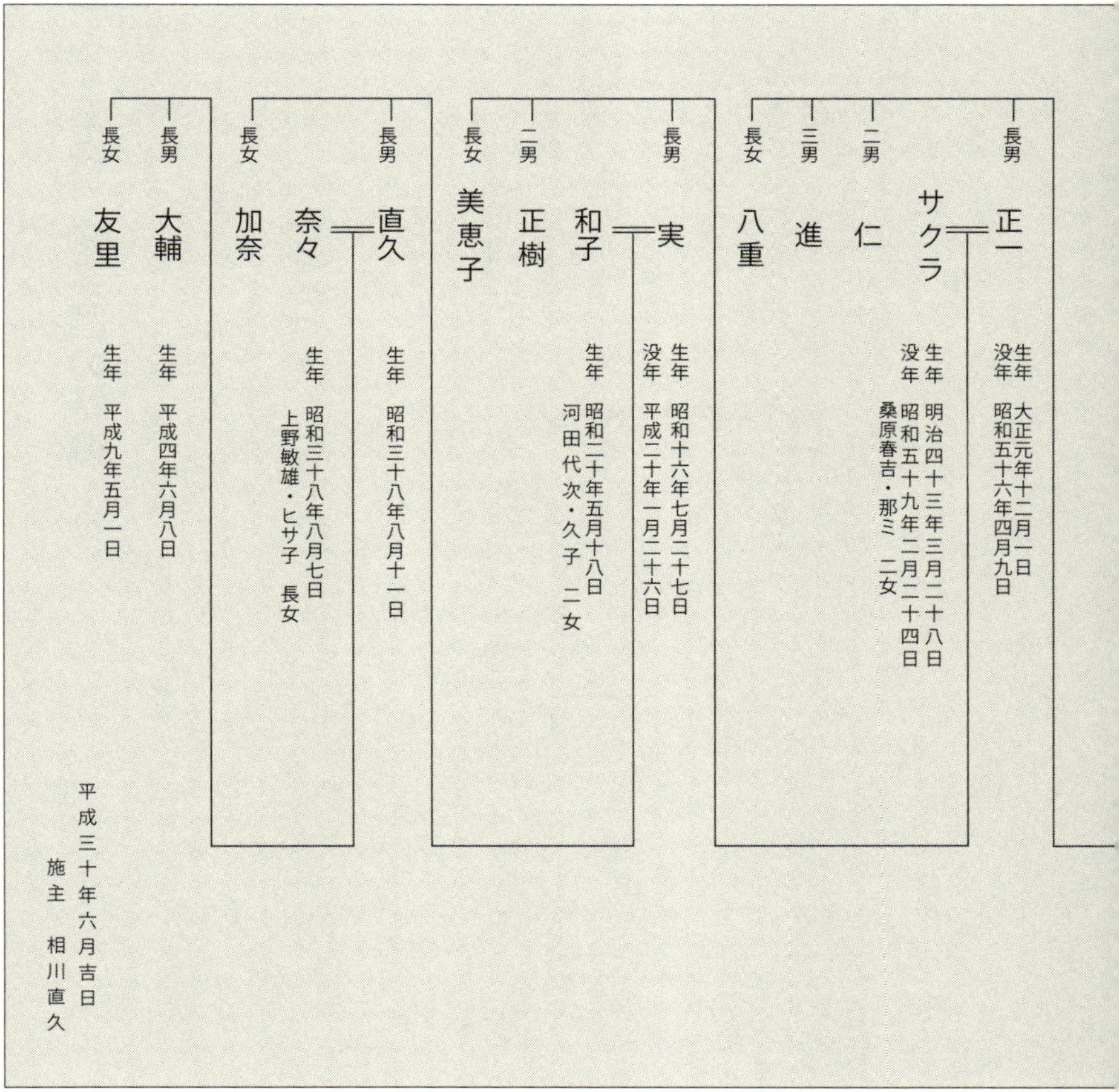
長男
正一
生年 大正元年十二月一日
没年 昭和五十六年四月九日
サクラ
生年 明治四十三年三月二十八日
没年 昭和五十九年二月二十四日
桑原春吉・那ミ 二女
二男
仁
三男
進
長女
八重
長男
実
生年 昭和十六年七月二十七日
没年 平成二十年一月二十六日
和子
生年 昭和二十年五月十八日
河田代次・久子 二女
二男
正樹
長女
美恵子
長男
直久
生年 昭和三十八年八月十一日
奈々
生年 昭和三十八年八月七日
上野敏雄・ヒサ子 長女
長女
加奈
長男
大輔
生年 平成四年六月八日
長女
友里
生年 平成九年五月一日
平成三十年六月吉日
施主 相川直久

## ◉タテ型（4系統）家系図の特徴

その名称のとおり上から下に書いていく構図です。

### ◇長所

系図全体が一目瞭然で、非常にわかりやすくなります。

### ◇短所

紙の大きさが決まっているため、書き込める内容に限界があります。そのため、作った後に家族構成に変化が生じたりすると、加筆するスペースがなく、作り直しになることもあります。

そのため、長期保存を目的にするというより、時代ごとに作

**タテ系図のイメージ**

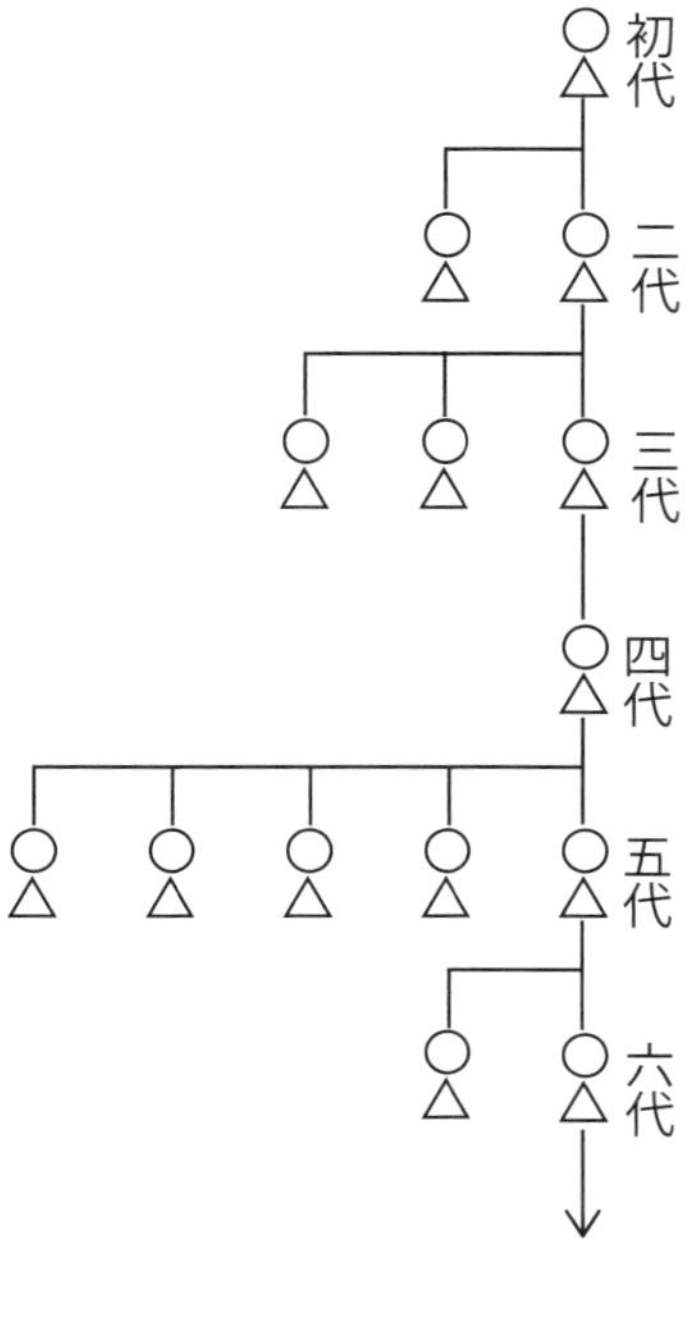

り直す実用品として考えた方がいいでしょう。

## どちらの構図で書くか

ヨコ型、タテ型どちらで書くかについては、以下を参考にしてみてください。

**◇自分の父方母方の全ての先祖を表した家系図を作りたい場合**

タテ型（４系統）家系図。下図でいうと、相川家、石井家、宇野家、江藤家すべての系統になります。実際の系図は、祖父母の両親、曾祖父母の両親、高祖父母の両親…と、扇状に拡がっていきます。

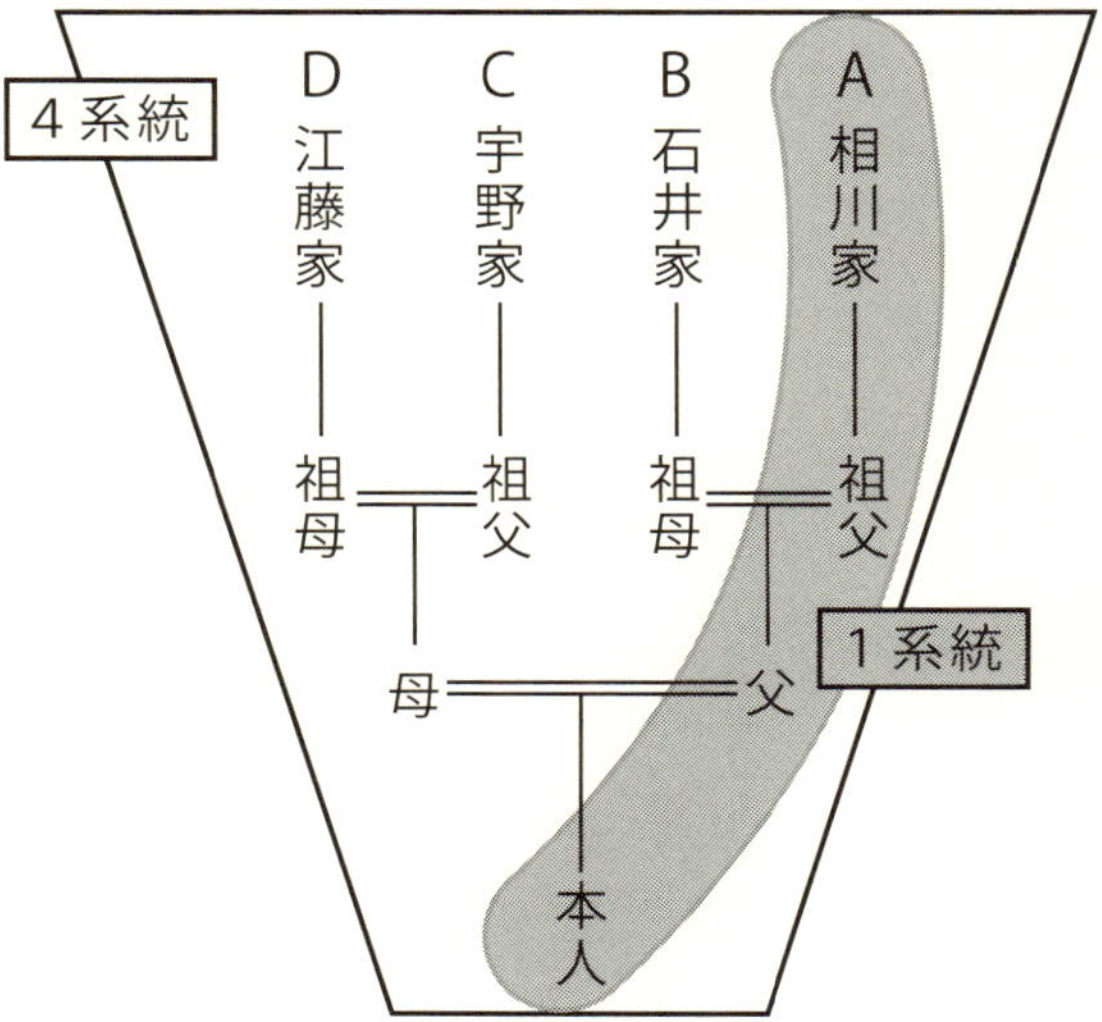

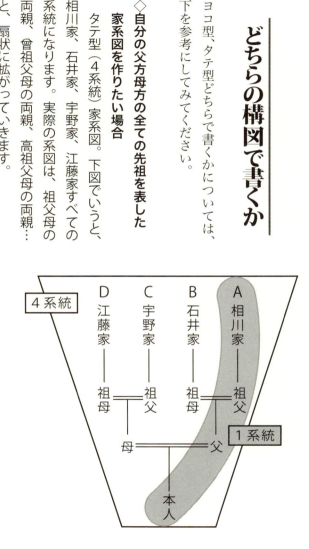

## タテ型（4系統）家系図の例

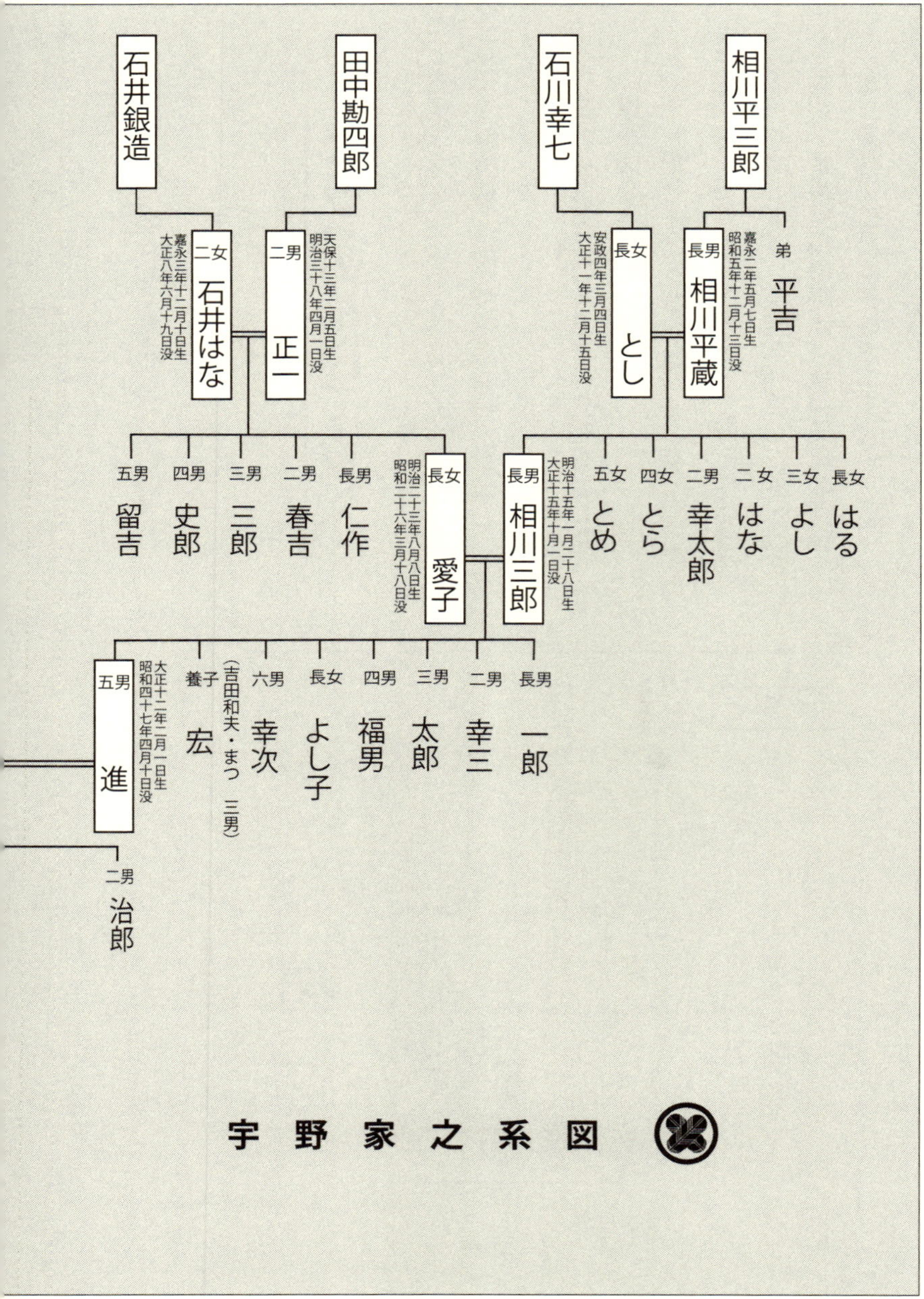

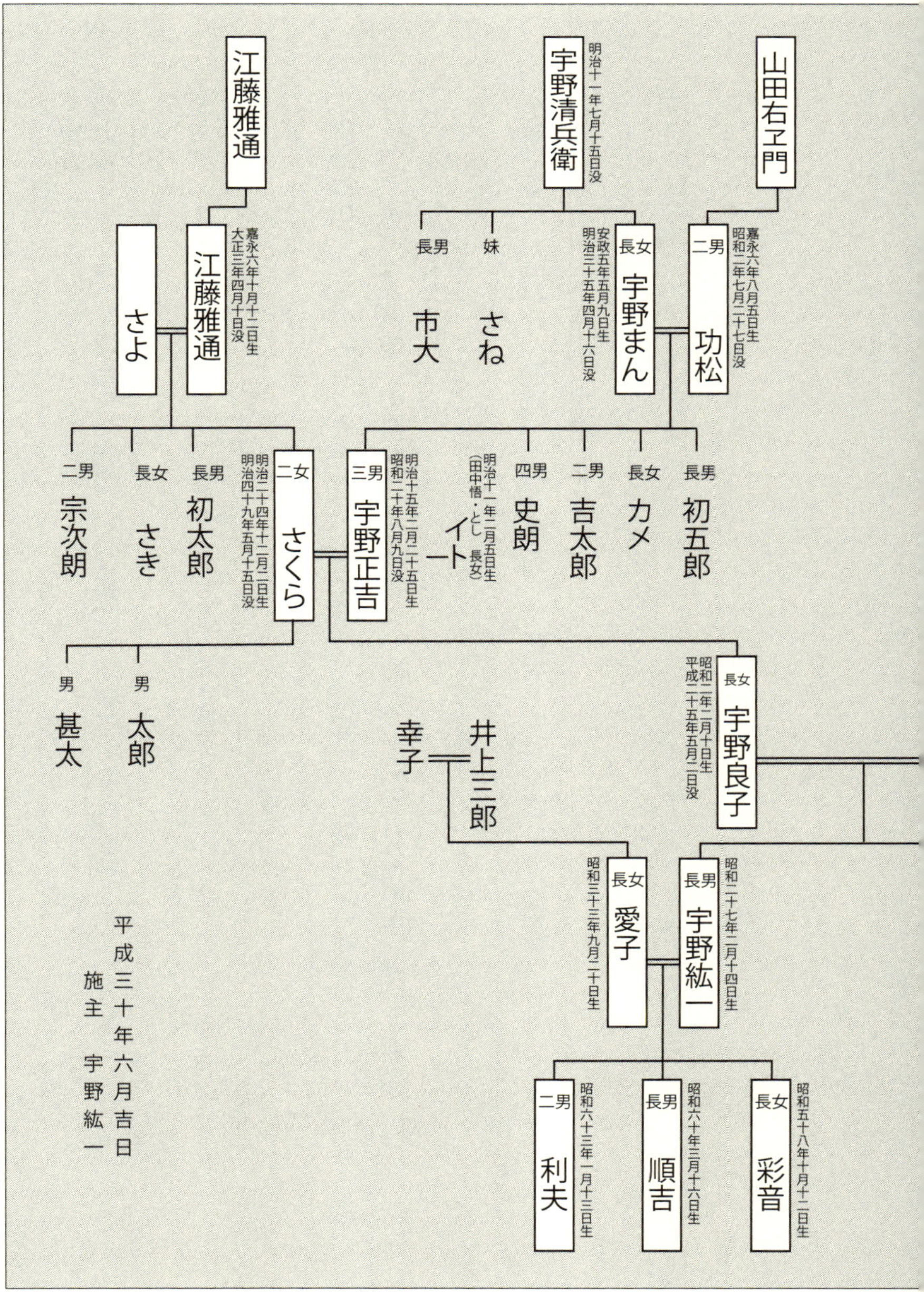
山田右ヱ門
宇野清兵衛
明治十一年七月十五日没
江藤雅通
二男
功松
嘉永六年八月五日生
昭和二年七月二十七日没
長女
宇野まん
安政五年五月九日生
明治三十五年四月十六日没
妹
さね
長男
市大
江藤雅通
嘉永六年十月十二日生
大正三年四月十日没
さよ
長男
初五郎
長女
カメ
二男
吉太郎
四男
史朗
イト
明治十一年二月五日生
(田中悟・とし 長女)
三男
宇野正吉
昭和十五年二月二十五日生
昭和二十年八月九日没
二女
さくら
明治二十四年十二月二日生
明治四十九年五月十五日没
長男
初太郎
長女
さき
二男
宗次朗
男
太郎
男
甚太
長女
宇野良子
昭和二年二月十日生
平成二十五年五月二日没
井上三郎
幸子
長男
宇野紘一
昭和二十七年二月十四日生
長女
愛子
昭和三十三年九月二十日生
長女
彩音
昭和五十八年十月十二日生
長男
順吉
昭和六十年三月十六日生
二男
利夫
昭和六十三年一月十三日生
平成三十年六月吉日
施主　宇野紘一

**◇自分の〝家＝名字〟の代々の先祖（父父系、父が養子であれば母方系）の系図にしたい場合**

ヨコ型（1系統）家系図。225頁図の、父父系の直系である相川家あるいは父母系の直系である石井家などです。

**◇戸籍でわかる全員の名前、生年月日、没年月日、婚姻日を記載したい場合**

タテ型家系図（4系統）の方が適しています。ただし、あまり情報量が多いと雑然として見にくくなります。

**◇系図に事跡（生まれ、学校、仕事、活動、功績など）を記載したい場合**

ヨコ型家系図（1系統）が適しています。

**◇巻物にして家宝としたい場合**

ヨコ型家系図（1系統）になります。

# どこまで記載するか

**◇どの範囲まで書くか**

自分が取れる戸籍は決まっています（第４章「親族関係図」参照）。取得できた戸籍に載っている直系、兄弟姉妹は全員家系図に記載するのが基本ですが、それ以上の先祖（いわゆる傍系の人など）を載せたい場合は、広い範囲での親族の協力が必要となります。

**◇生年没年を誰まで記載するか**

タテ型家系図の場合はスペースが限られていますので、生年没年の記載は直系だけか、兄弟姉妹までにするかを決めます。多くの情報を載せたい場合は、前項同様、広い範囲の親族の協力が必要となります。

**◇前妻後妻がいるケースをどう表すか**

離婚、死別、再婚、再々婚はどの時代でもあります。どの配偶者まで記載するか、考え方はそれぞれです。

例えば、あなたの祖父に前妻があり、あなたが後妻の子（父）につながる場合、前妻や前妻との子まで記載するかの判断です（タテ型家系図の例でいえば「宇野正吉」の前妻「イト」を記載するかどうか、など）。

一般的に自分がつながる後妻のみ記載することが多いですが、前妻の子とも兄弟姉妹には違いありませんので、記載することもあります。どうするかはあなた次第です。

### ◇養子の実家の記載をどうするか

婚姻の際の婿養子（入夫）であれば記載方法に変わりはなく、姓を書く側が妻側になるだけです。

子として養子入籍した場合の書き方は決め事になりますが、あくまで〝家〟系図ですから、通常は「養子　宏」として、横に（吉田和夫・まつ　三男）などと、実家の両親・続柄を付記します（タテ型家系図の例の〝相川三郎　養子　宏〟の箇所参照）。

## タテ型家系図の書き方

以下はあくまで私が採用しているルールなので、これで決まりということではありません。前出のタテ型家系図の例を参考にしていただければと思います。

**◇同じ代に属する人は、同じ高さにそろえます。**

**◇自分の直系尊属の父母はわかりやすいように四角で囲みます。直系尊属のみ生年・没年を書きます。**

**◇夫婦は横の二重線で結びます。**

**◇子供（養子を含む）は二重線から縦の実線で結びます。**

**◇親が一人の場合は、親から直接、線を引きます。**

◇養子の記載方法はいくつかあります。二重線で引く方法（例1）と、続柄に「養子」と書く方法（例2）です。戸籍によっては「養子」ではなく、「子」や「男」と書かれている場合があります。

◇婿養子（入夫）の場合は、母側に名字を書きます。

◇男女に関係なく、子供は右から生まれた順に書きます。

タテ型家系図では、父側は一番左端に自分の直系を、母側は一番右側に自分の直系を書きます。

ヨコ型家系図の方は、自分の直系かどうかに関わらず、子は生まれた順に右から記載し、配偶者はすぐその横に二重線で結んで書きます。前出の家系図の例を見るとわかりやすいと思います。

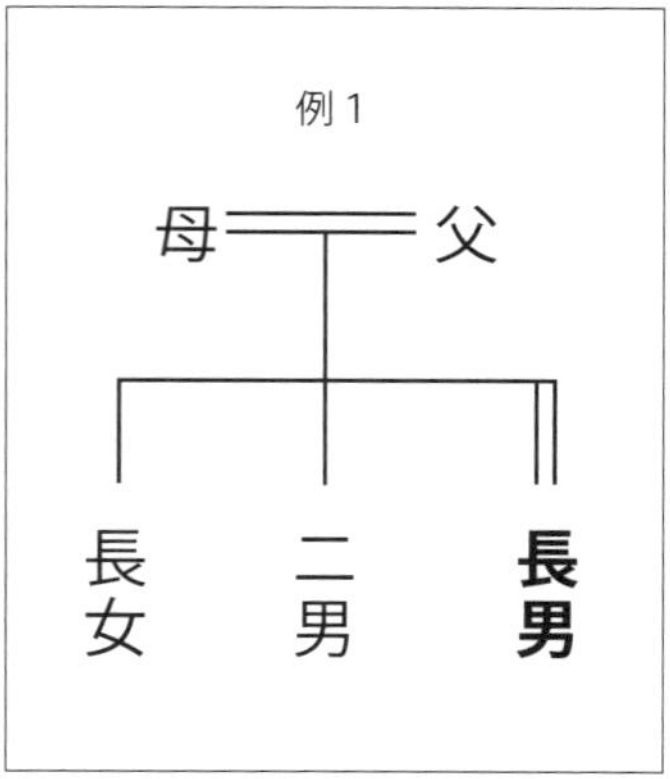


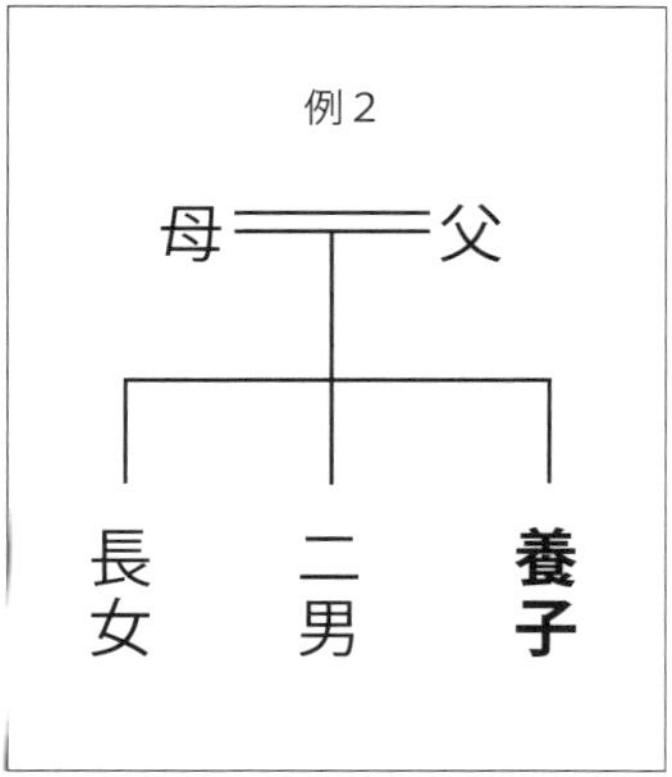

◇離婚などで複数の配偶者がいる場合（前妻、後妻…）、誰まで記載するかを決めます。

記載する場合は、父の右に二重線で前妻を、左に二重線で後妻を書きます。それぞれ子供がいる場合は下に実線で書きますが、自身の直系ではない側は、記載しない場合も多いです。

下図は、後妻の子との続柄をどのように記載するかの例です。例1は戸籍通りに書いたものです。気になる場合は、例2のように記載してもよいのです。

◇続柄は戸籍の記載どおりに書くのが基本です。ただし、続柄をはっきりするため、

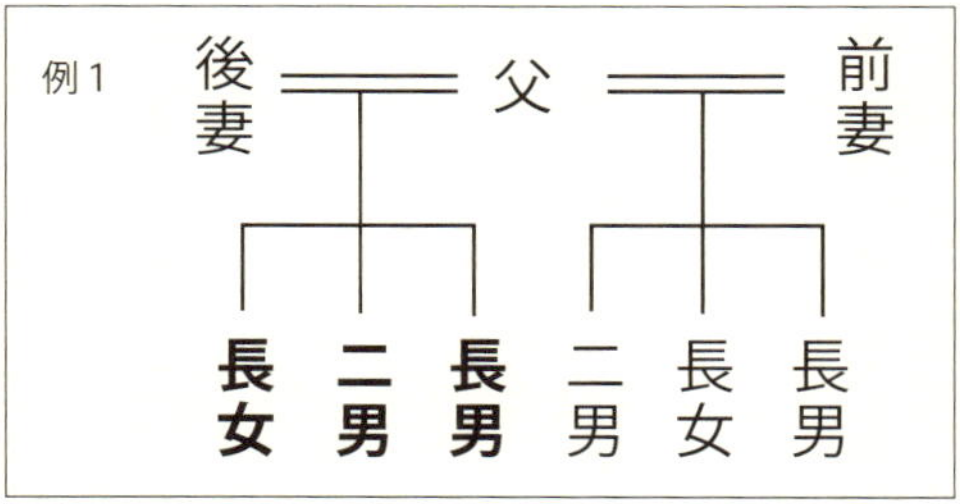


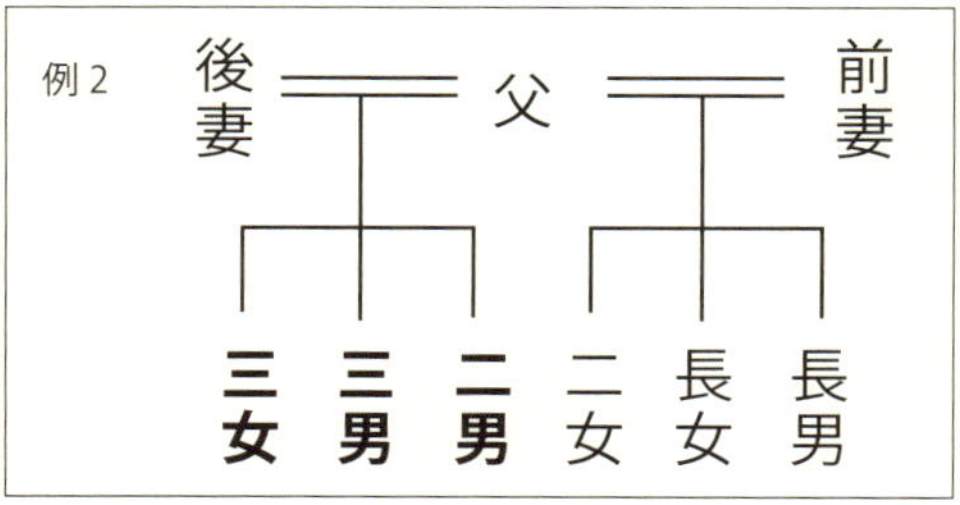

戸籍の記載を変更して書いてもよいでしょう。例えば、「養子」ではなく「長男」にする、「女」を「長女」にする、「子」→「長男」にする、などです。

「男」「女」「子」は、結婚していない女性から生まれた子に書かれる続柄です。

◇複数の戸籍で名字や名前の表記が異なる場合があります。これは、届け出た人の書き間違いや役所担当者の書き写し間違いなどが理由です。このような場合、はっきり理由がわからない場合は、一番古い戸籍の記載を基本にします（例、衛門／エ門、衛門／衞門、○介／○助、○蔵／○藏）。

◇間違いやすい文字（衛／衞、蔵／藏、エ／ヱ、吉／𠮷、等）に気をつけます。戸籍に書かれた文字を忠実に書きます。

◇タテ型家系図は、用紙上で、父方側、母方側の左右のバランスをうまく整えます。父方、母方で先祖の数は異なるため、家系図を清書する際は、左右のバランスに留意して書きます。

◇線が交差する場合、下図の二例のようにわかりやすくしましょう。

◇用紙上には「○○家之系図」と書き、できれば家紋を表示しましょう。タテ型なら上部あるいは下部のスペースのあるところに、ヨコ型では一番右に書きます。
家紋のデータは販売されていますが、インターネット上に自由に使えるものがあればコピーするのが手っ取り早いでしょう。

◇末欄に、家系図の「作成年月日」と「施主（作成者）」を記載しておきましょう。

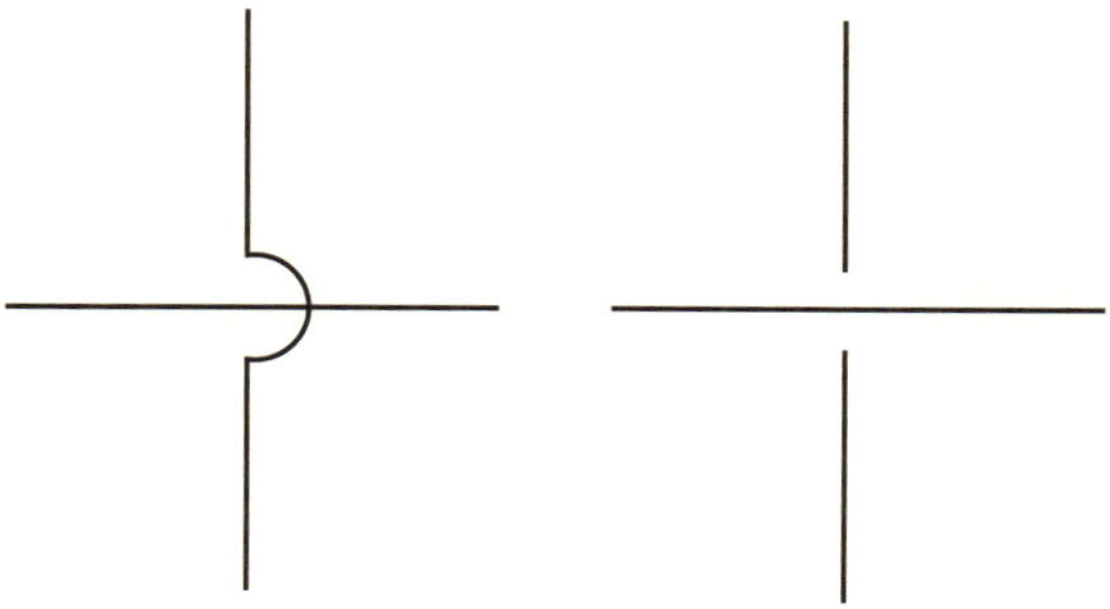

線が交差する場合、弧を描くか（左）、交わらないように線を引く（右）

最終章

# 先祖を知ると明日が変わる

## 道は開ける

ここまでに、先祖調査の方法と家系図の書き方、知っておくとよい情報をすべて網羅しました。

ＮＨＫのバラエティー番組で『ファミリーヒストリー』という有名人の先祖を調査する番組があります。この番組を見ていると、私がこの本に書いた内容と同じ手順で調査していると感じます。どんなに困難な調査でもやることは同じです。

また、同じくＮＨＫの番組で人名探究バラエティー『日本人のおなまえっ！』は、名前の意味や歴史をひもとく番組です。これも、中世に及ぶ名字の由来を考察するため、先祖調査にはヒントとなる番組です。

人の名には、その人が属していた集団、地域、文化、社会などの歴史が刻まれ、人にはそれぞれの身分関係、君臣関係、先祖との関係、族縁関係、家族関係など様々な関係の歴史があります。

本文にも書きましたが、調査の途中では壁に当たり、「もうこれ以上調べるのはムリかも……」と思うことが必ずあります。それでも、粘り強くあきらめずに、数多くの文献を読み、様々な人と会って話をしていくうちに必ず「きっかけ」が見つかります。やはり机上の調査だけでは難しいでしょう。本籍地（先祖の地、名字の地）に行って、足と目と口、肌（感覚）を使うことが大切です。

前述のＮＨＫの両番組とも、スタッフが現地の家や人、寺院を訪ねる場面が何度も放送されます。そして、学芸員や郷土史家がほぼ必ず出てきます。放送されるのは一部分でしょうから、実際は何十人もの人に会って話を聞いているはずです。

## ヒトの起源と日本人の起源

地球上の人間（現生人類、ホモ・サピエンス）はすべて、10～20万年前にアフリカで誕生した単一種です。これは発掘された遺骨のＤＮＡ分析から、科学者の間では周知の事実となっています（アフリカ単一起源説、またはミトコンドリア・イブ説ともいう）。

アフリカで生まれた人間は、６～７万年前、１５０人ほどのわずかな集団を第一陣としてアフリカを旅立って、全世界に広がりました（10万年以上前との説もある）。つまり、今地球にいる72億5千万の人は皆、アフリカのたった一人の女性が起源なのです。そういう意味では、「人類、皆きょうだい」という言葉は生物学的にも確信をついていたわけです。

私たちの日本列島には、大別して三種類の人々が三地域に住んでいました。「アイヌ語」「日本語」「琉球語」という言葉でもわかるとおり、北部の「アイヌ人」、中央部の「ヤマト人」、南部の「オキナワ人」です。北方や南方のいくつかのルートから、長い旅を経て入ってきた人たちです。総称して「縄文人」といいます。

元を遡れば、縄文人もアフリカを出て旅をしてきた人たちです。数万年という年月の経過の中、移り住んだ環境によって、体格、体質、肌の色、髪の色や質、言葉など、様々な変化を遂げてきました。

そして、弥生時代に大陸（今の朝鮮半島）から水田稲作文化を持った人（弥生人）たちがやって来て、古くから日本にいた縄文人と混血し、現代へとつながる日本人が作られました。

# 日本人の先祖が生んだ文化と特性

アフリカから獲物を追いながら旅をしてきた人々が、最後にたどり着いたのが日本列島です。大陸の中の移動とは違って、日本列島は旅の通過点ではなく、(結果的に)終着点です。世界中から様々な文化、習慣をもつ人々が入ってきた終着地なのです。

大陸にいたときのように、「獲物がいなくなったり、そこが住みにくくなったり、集団から追い出されたら、次の場所に移動すればよい」というのではなく、どんな状況であってももう行く先はなく、ここに住み、「皆で協力し合って暮らしていかねばならない」という意を決した場所です。

ここに、日本独特の「和の心」や「水に流す」という日本文化の原点が生まれ、チームを大切にする強い組織力が培われた背景があります。

もう一つ、私たち日本人がこれまでの歴史上、暮らしの中で重要なことは、農耕文化との関わりです。狩猟を主としていた縄文時代までの暮らしから、弥生時代に大陸から持ち込まれた水田稲作の技術によって、食料供給が安定しました。

私たちが今あるのも、稲（イネ）のおかげです。稲作によって、日本の人口は劇的に増えました。稲は、日本人の精神や生活の根源をなしてきた特別な存在といえるでしょう。イネの「イ」は命、「ネ」は根っこであるといわれています。「稲魂《いなだま》」という言葉は、稲にも魂があるという考えを象徴する言葉です。全国には少なくとも3万社の稲荷神社があります。この「稲荷」はもともと「伊奈利」と記されますが、その意味は「稲生《いねなり》」、つまり〝稲が生まれること〟です。これが短くなって「いなり」に変化し、「稲荷」の字が当てられました。

「稲（＝米）」は日本人の生活の糧であり、命の源です。私たちの先祖は、稲によって生き抜くことができたのです。これが日本人の8割は農家だったという所以です。

## 先祖からのメッセージ

私たちには2万個以上の遺伝子があります。身体の中には、長い歳月を経た先祖からの数万に及ぶ複雑な伝達があります。両親から半分ずつのDNAを受け取り、子どもに自分のDNAの半分を受け渡します。私たちの身体の中には膨大な数の祖先がいて、たくさんのルーツがあるのです。

人は皆、地球上の原子から始まり、地球の原子に還っていきます。何もないところから生まれたあなたの身体には、どこからか魂がやってきます。祖先からの遺伝子と魂によって、あなたという心が生まれ、育まれます。あなたというヒトは世界にたった一人しかいない唯一の存在です。

序章でお話ししましたが、あなたが本書を手に取った時点で、あなたは何か目に見えない存在から「先祖のことを想ってほしい」という働きかけがあったと私は考えています。お墓参りをするのは供養の意味もありますが、本能的に「先祖に会いたい」からです。

あなたに起こることはすべて必然であり、何らかの意味があります。幼い頃や若くして亡くなる人がいます。それは遺族にとってとても悲しいことですが、その人の存在が、残った人や社会に対して、何かを残すために生まれてきた意義のある命だったのです。先祖を調べていくと、生まれてすぐに亡くなっていたり、ほとんどの子を若くして亡くしていたり、何度も配偶者を亡くしたり…。

新たなことがわかり驚くと同時に、先祖の苦難を想い、生き抜いた姿に勇気づけられるはずです。

あなた、あなたの魂は、今を生きています。あなたの先祖は、あなたを見守ってくれているはずです。先祖を知ると、あなたの明日が変わることでしょう。本書があなたの明日に、何らかの「ぬくもり」を育むことができれば幸いです。

## 参考文献

日本人の苗字とその起源　宮内則雄　批評社
「家」に探る苗字となまえ　井戸田博史　雄山閣出版
日本の名字　武光誠　角川学芸出版
氏と家族　増本敏子・久武綾子・井戸田博史　大蔵省印刷局
名前の暗号　山口謠司　新潮社
日本の苗字　渡辺三男　毎日新聞社
系図のつくり方　日本系譜出版会　琵琶書房
名前とは何か　なぜ羽柴筑前守は筑前と関係がないのか　小谷野敦　青土社
壬申戸籍成立に関する研究　新見吉治　日本学術振興会
お名前風土記　佐久間英　読売新聞社
名字でわかる日本人の履歴書　森岡浩　講談社
家紋を読む　能坂利雄　ＫＫベストセラーズ
名前の日本史　紀田順一郎　文藝春秋
名字と日本人　武光誠　文藝春秋

日本人の苗字　丹羽基二　光文社
苗字の歴史　豊田武　中央公論社
名字の謎　森岡浩　筑摩書房
戒名のはなし　藤井正雄　吉川弘文館
日本人の姓・苗字・名前　大藤修　吉川弘文館
苗字と名前の歴史　坂田聡　吉川弘文館
「家系図」を作って先祖を1000年たどる技術　丸山学　同文舘出版
日本人の姓　佐久間英　六藝書房
家系のしらべ方　丸山浩一　金園社
家系と家紋　能坂利雄　新人物往来社
歴史読本1996年9月号　新人物往来社
日本紋章学　沼田頼輔　新人物往来社
家紋のすべて　安達史人　日本文芸社
字統　白川静　平凡社
地図で読む日本の古代史　「歴史ミステリー」倶楽部　三笠書房
神社が語る古代12氏族の正体　関裕二　祥伝社
地名を解く7『日本の国はいつできた?』東日本編　研究論文　今井欣一
地名を解く8『日本の国はいつできた?』西日本編　研究論文　今井欣一
大分の歴史第2巻　大分合同新聞社
日本人になった祖先たち　篠田謙一　NHK出版
日本列島人の歴史　斎藤成也　岩波書店
DNAでたどる日本人10万年の旅　崎谷満　昭和堂
アフリカで誕生した人類が日本人になるまで　溝口優司　ソフトバンククリエイティブ
日本の苗字の計量的分析　梅田三千雄　情報処理　学会論文誌　Vol.40　No.3
出土人骨による日本縄文時代人の寿命の推定　小林和正　研究論文
Newton「XY染色体の科学」
Newton別冊「遺伝とゲノム」
Newton別冊「生命の科学」
たけしの万物創世記　番組制作スタッフ編　幻冬舎
死ぬ前に知っておきたいあの世の話　坂本政道　ハート出版
人を幸せにする「魂と遺伝子」の法則　村上和雄　到知出版社
世界一美しい日本のことば　矢作直樹　イースト・プレス
日本人と神様　ポプラ社　櫻井治男著
成功している人は、なぜ神社に行くのか?　八木龍平　サンマーク出版
先祖の話　柳田国男　筑摩書房
死者と先祖の話　山折哲雄　角川選書
写録宝夢巣(Ver.18)　日本ソフト販売株式会社

**著者◎萩本 勝紀**　はぎもと かつとし

**行政書士萩本法務事務所代表、姓氏研究家、保育士**
**医療法人社団康喜会（辻中病院柏の葉）保育事業部長**

1959 年生まれ。1983 年関西学院大学経済学部卒業。
株式会社ケンウッド（現 . 株式会社 JVC ケンウッド)、カルチュア・コンビニエンス・クラブ株式会社などの会社員を経て行政書士事務所を開業。ケンウッド社時代には英国、オランダで駐在経験を持つ。ヨーロッパ各国の人種や暮らしぶりの違いに興味を覚える。
現在、家系図作成・先祖調査を主業務とし、戸籍をこえた先祖調査では日本全国を飛び回る。行政からの依頼で講座実績も多数。
また 50 代で試験を受け保育士資格を取得。認可保育園の開設や運営にも関わりながら、その業務範囲は『赤ちゃんからご先祖様まで』というユニークな専門家である。

◎家系図作成・先祖調査請負人　屋号「備前屋」
http://senzo-kakeizu.com/

本文デザイン●中島啓子
装丁デザイン●やなかひでゆき

# あなたの名前で先祖がわかる

## 家系をたどり「自分の位置」を知れば、未来が開ける！

2018年6月10日　初版第1刷発行

著　者　　萩本勝紀
発行者　　東口敏郎
発行所　　株式会社BABジャパン
〒151-0073 東京都渋谷区笹塚1-30-11　4・5F
TEL　03-3469-0135　FAX　03-3469-0162
URL http://www.bab.co.jp/
E-mail　shop@bab.co.jp
郵便振替 00140-7-116767
印刷・製本　　中央精版印刷株式会社

ISBN978-4-8142-0129-7 C0039

## BOOK Collection

### 直傳靈氣　レイキの真実と歩み

「レイキ・ヒーリングのルーツ。日本で生まれ、伝承された姿を伝える」創始者・臼井甕夫（みかお）先生が、いかにして靈氣に目覚めたのか？　林忠次郎先生がどのような講習会を行っていたのか？　そして、靈氣とともに一生を過ごした著者の母・山口千代子が、どのように靈氣を活用してきたのか？　直傳を受け、レイキで育てられた著者による、レイキの真実と歩みを全て綴った決定版です。

●山口忠夫 著　●四六判　● 208 頁　●本体1,600円＋税

### This is 靈氣

その謎と真実を解き明かす、　聖なるレイキの旅

レイキの真実を解明するため、ゆかりの地を訪ね、長年に渡る取材を行った著者。旅を通じて史実として立証可能な情報と、レイキの伝承者たちについての全貌を明らかにしていくスピリチュアルジャーニー。

●フランク・アジャバ・ペッター 著　●四六判　●292頁
●本体1,600円+税

風水 ・ 気功の知恵で大自然の 「気」 と 一つになる！

### 体感 パワースポット

ただ行くだけではない。パワースポットの見方、感じ方、「気」の取り込み方まで紹介!　大自然のパワーを放つ写真を多数掲載し、日本にある12箇所のパワースポットを紙上体験できます。時に日々の生活から離れ、大自然の「気」と一つになれば、明日への活力が湧いてくるでしょう。新たな自分に出会う旅へ誘う一冊です。

●出口衆太郎 著　●四六判　●268頁　●本体1,400円+税

声の力が脳波を変える、　全てが叶う！

### 倍音セラピーCDブック

倍音声を持つシンガー・音妃の声を聴いただけで脳波がシータ波に変わり、深い癒しが体験できます。シータ波とは、脳科学を筆頭にあらゆる分野で研究されている注目の脳波。この脳波に変わると潜在意識の扉が開き、願望が実現しやすくなると言われています。CDの音声と一緒に声を出して共鳴するとより効果的です。

●音妃（おとひめ）著　●A5判（CD付）●135頁　●本体1,600円+税

声の力が脳波を変える、　全てが叶う！

### シンギング・リン全倍音セラピー CD ブック

日本発のヒーリング楽器『シンギング・リン』の奏でる全倍音は、自分に足りない周波数を生命が自動選択し、一瞬で、その人にとってベストなエネルギーに変換します。幸せと自己実現をかなえる、世界で初めてのサウンドセラピーです。魂レベルの癒しと浄化をもたらし、その人本来の個性や魅力が開花します。全4曲、計40分の CD と、六芒星シートが付いています

●和真音 著　●A5判（CD付）●160頁　●本体1,500円+税

## BOOK Collection

瞑想法の極意で開く **精神世界の扉**

「精神世界」とは「自分の精神性を高める世界」のこと。ファッション的な精神世界から本質へ踏み込むためには瞑想法が必要です。ところが「瞑想法」といってもなんだか漠然としすぎていますよね……。はっきりした判断基準のあるクリヤーな瞑想法を求めた成瀬師が修行の末に到り着いたのは、「系観瞑想法」というオリジナルな技法でした。日本ヨーガ界の第一人者・成瀬雅春が、その瞑想テクニックを存分に語ります。

●成瀬雅春 著　●四六判　●315頁　●本体1,600円+税

**悟りのプロセス**

いかに「悟り」へと到達するのか?　実践的な立場から、そのプロセスを解き明かす!瞑想は、社会人にとって「必須」といっても言い過ぎではないぐらい大切な技能です。そして、悟りへ向かうプロセスの中で身につく瞑想力（集中力、精神力、判断力、洞察力）は、人生で悩んだり、壁に阻まれたりしたときに、飛躍的に前進させる助けになり、人生を楽しく豊かなものにしてくれることは間違いありません。

●成瀬雅春 著　●四六判　●192頁　●本体1,600円+税

日本一わかりやすい **マインドフルネス瞑想**

マインドフルネス（Mindfulness）とは、心を「今この瞬間」に置く瞑想です。「呼吸を見つめる瞑想」「歩く瞑想」「音の瞑想」「食べる瞑想」等で効果を実感でき、集中力を高め、健康を増進し、心の内に安心を見つけられるようになります。本書を読むと、誰でもすぐマインドフルネスが実践できます。今、注目のマインドフルネス。僧侶や心理学者ではなく、現場のセラピストがやさしく教えます。

●松村憲 著　●四六判　●216頁　●本体1,300円+税

タメイキは最高のゼイタク♥ HAPPYな毎日を送るための呼吸法
**休息のレシピ**

人生が変わるような「呼吸」を味わったことありますか?「悲しみが止まらない」「テンパリすぎてうわの空」そんな気分や気持ちをすぐに一掃！ 世界で一番きもちいいストレッチを集めました。自分に還るため、身体が休まるためのレシピをご紹介。呼吸や身体のすみずみまでに意識を向けてあげることで『ホッ』とし、身体がゆるみ、リラックスできます。

●松本くら 著　●四六判　●192頁　●本体1,300円+税

ココロが変わる！カラダが変わる！人生が変わる！
**気功で新しい自分に変わる本**

「気」とは、人間が生きていくうえで欠かせない「生命エネルギー」。元気でイキイキしている人ほどよい気が満ちています。気功をすると、「気」の流れがよくなって人生の流れが変わります。心身の活性化はもちろん、人間関係の改善や願望実現までいろいろなことが動き出します!

●星野真木 著　●四六判　●232頁　●本体1,400円+税